Berater und Ratnehmer
Band 16

BERNHARD PROSCH

Praktische Organisationsanalyse

Ein Arbeitsbuch für Berater und Führende

ROSENBERGER FACHVERLAG LEONBERG

Die Deutsche Bibliothek – CIP-Einheitsaufnahme

Prosch, Bernhard:
Praktische Organisationsanalyse: ein Arbeitsbuch
für Berater und Führende / Bernhard Prosch. – Leonberg:
Rosenberger Fachverl., 2000
(Berater und Ratnehmer; Bd. 16)
ISBN 3-931085-29-5

www.rosenberger-fachverlag.de

Umschlaggestaltung: Eva Martinez, Stuttgart
Lektorat: Manuela Olsson, M.A., Göppingen
Satz: UM-Satz- & Werbestudio Ulrike Messer, Weissach
Druck: Wiener Verlag Ges.m.b.H., Himberg
Printed in Austria
ISBN 3-931085-29-5

Vorwort

Der Einsatz und Nutzen einer Organisationsanalyse

„Mein Schneider ist ein intelligenter Mensch! Jedesmal, wenn ich einen neuen Anzug haben möchte, nimmt er von neuem Maß."

Dieser Satz, der dem ehemaligen amerikanischen Präsidenten Abraham Lincoln zugeschrieben wird, drückt vieles von dem aus, was zu Sinn und Zweck einer Organisationsanalyse zu sagen ist: Die oft als „Geheimwissenschaft" großer Beratungsunternehmen bezeichnete Analyse von Organisationen (ob Profit oder Nonprofit) hat zunächst den Zweck, Erkenntnisse über den momentanen Zustand einer Organisation zu ermitteln, neuralgische Punkte zu identifizieren und diese gesammelten Erkenntnisse zu beschreiben und zu bewerten. Auf der Grundlage der Erkenntnisse können die Organisation und deren Verantwortliche sinnvolle Entscheidungen treffen und Ansatzpunkte für die positive Entwicklung einer Organisation finden. Objektiv durchgeführte Organisationsanalysen nehmen – wie dies in Einzelfällen anmutet – insgeheim gewünschte Ergebnisse der Auftraggeber nicht vorweg.

Auf dem Buchmarkt finden sich nur vereinzelt Veröffentlichungen, die diesem Themenfeld gewidmet sind. Deshalb ist der Verlag dem Autor dankbar, dass hier die Methoden und Inhalte einer praktisch nachvollziehbaren Organisationsanalyse aus soziologischer Sicht dargestellt werden.

1. Wann ist eine Organisationsanalyse erforderlich?

Organisationen greifen auf analytische Instrumente zurück, wenn sie spüren oder erkennen, dass sich die Organisation unbefriedigend entwickelt. Oft sehen sich die Verantwortli-

chen nicht in der Lage, die Ursachen zu diagnostizieren und
einen Weg zur Lösung der unbefriedigenden Entwicklung zu
finden. Organisationsanalysen werden deshalb meist im Vorfeld notwendiger Entscheidungen in Auftrag gegeben. Die
Gründe dafür sind vielfältig. Sie sind Ausdruck ungelöster
Aufgaben oder Problemsituationen, die von dem Unternehmen bisher (noch) nicht oder zumindest nicht in ihrer ganzen
Schärfe erkannt worden sind. Es zeigen sich Symptome, für
deren Ursachenerforschung eine Organisationsanalyse erfor-
derlich wird.

Meist wird eine praktische Organisationsanalyse in folgenden
Situationen sinnvoll sein:

– zur Klärung, wo die Organisation steht;
– bei akuten Problemen;
– bei andauernden, ungelösten Problemfeldern;
– bei erklärbarem/unerklärbarem Unbehagen mit der Entwicklung der Organisation;
– bei wirtschaftlichen Verlusten;
– bei offensichtlicher Verschlechterung des Arbeitsklimas;
– beim Rückgang von Produktivität in einzelnen Bereichen;
– im Falle verborgenen/offenen Streits innerhalb der Leitung;
– bei schwelenden/offenen Konflikten innerhalb eines Be-
  reichs;
– bei gravierenden Markteinbrüchen;
– beim Verlust wichtiger Kunden bzw. Klienten;
– bei Orientierungs- und Zieldefiziten;
– beim Nachlassen der Leistungsqualität;
– bei der Umorientierung auf neue Tätigkeitsfelder;
– etc.

2. Durchführung der Organisationsanalyse

Die praktische Organisationsanalyse beschränkt sich nicht
auf die Durchführung von Vier-Augen-Gesprächen mit den

Mitgliedern der Geschäftsleitung einer Organisation. Vielmehr werden neben Gesprächen mit internen und externen Interviewpartnern Dokumente analysiert, Verhalten und Handeln beobachtet, systematisch befragt und manchmal sogar experimentiert. Es wird geklärt, was ist, wo etwas fehlt, was die Organisation tut, was sie lässt, was sein sollte, was sein könnte – immer mit dem Ziel der Klärung als Vorstufe zur Bewältigung organisationaler Zukunft.

3. Ergebnisse der Organisationsanalyse

Das Ergebnis dieser tiefgreifenden Recherche ist eine Zusammenschau der Informationen, die der mit der Organisationsanalyse Beauftragte bei den Funktionsträgern der Organisation sowie bei Menschen und Institutionen außerhalb zusammengetragen hat. Die nächste Aufgabe wird nun sein, diese Informationen so zu vernetzen, dass am Ende der diagnostischen Phase ein greifbares Ergebnis steht.

Ergebnisse aus der Organisationsanalyse können sein:

– eine Prognose, wie sich die Organisation entwickeln wird, wenn alles so bleibt, wie es ist;
– ein unverzüglich zu vollziehender Maßnahmenplan, der ein Abgleiten der Organisation verhindern soll;
– eine langfristig angelegte Konzeption angeratener Einzelschritte, die Stufe für Stufe von der Organisation und deren Leitung genommen werden sollten, damit sie sichtbar Stück für Stück vorankommt;
– ein Bündel an Vorschlägen, wie die Organisation ohne Einsatz externer Institutionen ihren Weg machen kann;
– ein vertraulicher Bericht an den Auftraggeber, der Sachinformationen und Sachergebnisse enthält;
– ein klarer Hinweis, welcher Berater zugezogen werden sollte;
– eine Zusammenfassung aller Eindrücke entsprechend den Themenfeldern, die oben genannt sind;

– eine Darstellung der gesammelten Informationen für einzelne Organisationsbereiche;
– eine kritische Würdigung der Gesamtaufnahme der Informationen und Erkenntnisse, getrennt nach Informationen
von Organisationsmitgliedern und den außenstehenden In-
formanten;
– etc.

Auch in dieser Ergebnisphase wird deutlich, dass eine Organisationsanalyse keine vorher festgelegten Ergebnisse präsentiert, sondern dass der mit der Organisationsanalyse
Beauftragte

– vorschlägt,
– hinweist,
– prognostiziert,
– kritisch würdigt,
– berichtet,
– zusammenfasst,
– darstellt,
– konzeptionell kurz-, mittel- und langfristig berät.

Organisationsanalysen sind insofern Maßarbeit, die sich auch
in den verschiedenen Formen der Ergebnis-Dokumentation
zeigt. Es gibt in der Beratung eben keine kongruenten (also
gleichen) Fälle, sondern bestenfalls ähnliche.

Der Ergebnisbericht kommt zu Schlussfolgerungen über die
Defizite und Probleme, deren Behebung unumgänglich sind.
Er fasst zusammen, was die Organisation selbst nicht in diesem Maße und in dieser Präzision erkennen konnte. Auch in
dieser diagnostischen, analytischen und prognostischen Klarheit zeigt sich die Maßarbeit, die mittels einer Organisationsanalyse möglich ist.

So ist der erkannte Veränderungsbedarf Orientierung für die
Maßnahmenpläne, Handlungsabsichten, Vorschläge, Anre-

gungen, die in Folge von der Organisation - ggfs. zusammen mit einem externen oder internen Berater - umgesetzt werden sollten.

4. Die Phase der Umsetzung

Die Praxis zeigt, dass die Bereitschaft zur Mitwirkung bei Organisationsanalysen stark zurückgeht, wenn den Analyseergebnissen keine organisationalen Handlungen folgen. Reines Analysieren reicht nicht aus, um Organisationen weiter zu entwickeln. So zeigt sich die besondere Qualität analysierender Arbeit, dass der Analyse unmittelbar eine Würdigung durch die Umsetzung ermittelter Erkenntnisse als Ergebnis folgt.

Die Umsetzungsphase beginnt mit der Präsentation der Ergebnisse aus der Organisationsanalyse. Es ist ja bekannt, dass oft schon Veränderungen ausgelöst werden, wenn ein Problem treffend bezeichnet ist.

Der mit der Organisationsanalyse beauftragte Berater berichtet über sein Zusammentreffen mit der Organisation, über den Beginn der Zusammenarbeit, über die Methoden zur Gewinnung von Daten, über den Themenrahmen der Beobachtung bzw. Befragung und den Teilnehmerkreis. Die Ergebnisse der Analyse werden in der Zusammenschau aller Informationen präsentiert, eine konzise Diagnose – wie sich die Organisation darstellt und was nun im Einzelnen zu tun ist – bildet den Abschluss.

Eine Reihe verschiedener Maßnahmen sind denkbar:

- *Klausur* zur Entwicklung einer neuen strategischen Ausrichtung der Organisation
- *Teamklausur* zur Vernetzung der Mitglieder des Führungskreises

- *Projektarbeit* zu ausgewählten Themenfeldern
- *Seminararbeit* zur Entwicklung von Führungskönnen, Führungskraft und Führungspersönlichkeit
- *Seminare* zur dauerhaften Entwicklung und Absicherung von Fähigkeiten und Fertigkeiten
- *Langzeitbegleitung* eines Unternehmensbereiches in fachlicher und personbezogener Sicht
- *Beratung und Begleitung* bei der Installation von Führungs- und Personalentwicklungsinstrumenten
- *Workshops* zur Absicherung der Dienstleistungs- bzw. Produktqualität
- *Beratung und Begleitung* bei organisationalen Struktur-Veränderungen
- *Neudefinition* der Unternehmensphilosophie
- etc.

Möglicherweise mag manchem Leser der hier vorgestellte Weg einer wissenschaftlich begründeten aus soziologischer Sicht dargestellten Organisationsanalyse recht mühsam und zeitaufwändig erscheinen. Die Erfahrungen zeigen jedoch, dass bei der von Bernhard Prosch vorgestellten ideologiefreien und systemisch-methodischen Vorgehensweise die tatsächlichen Aufgaben und Probleme einer Organisation eingekreist und bearbeitet werden - und dies in einem verantwortbaren Zeitraum. Denn: Wenn die Schwierigkeiten drängen, sollte jeder Schritt wohl überlegt sein. In Eile sollte man besonders behutsam vorgehen.

Leonberg, im Juli 2000
Dr. Walter Rosenberger

Einführung

Das vorliegende Buch verlangt von seinen Leserinnen und Lesern etwas mehr als die meisten Werke, die normalerweise in Buchhandlungen und Bibliotheken auf Interessierte warten. Über das Lesen hinaus fordert es zu einem Mitmachen, zu einem Mitarbeiten auf. Es handelt sich daher weniger um ein Lesebuch, als vielmehr um ein Arbeitsbuch. Dieses Arbeitsbuch wendet sich an Berater und Führende, die sich in der Praxis mit der Analyse von Organisationen und Organisationsstrukturen beschäftigen. Ziel dieses Buchs ist es daher nicht, eine wissenschaftliche Abhandlung oder eine umfassende Recherche zur Organisationsanalyse vorzulegen. Stattdessen geht es mir um eine praxisrelevante Vermittlung wichtiger Erkenntnisse und Erfahrungen aus Forschung und Praxis.

Diesem Zweck dient die Unterteilung des Arbeitsbuchs in vier Kapitel. *Kapitel 1* („Zur Bedeutung moderner Organisationen") bietet in einer kurzen Übersicht einen wissenschaftlichen, insbesondere organisationssoziologischen Hintergrund zum Thema.

Organisationsanalyse kann aus zweierlei Blickwinkeln erfolgen: aus einer sehr detaillierten Fragestellung heraus oder aus einer breiteren Perspektive. Einen Vorschlag, Organisationen aus einer breiteren Sichtweise heraus zu analysieren, unterbreitet *Kapitel 2* („Organisationsanalyse im Modell"). Hier geht es darum, Vorgänge, Strukturen und Beziehungen in und um Organisationen mittels einer integrierten Zugangsweise zu erfassen. Wichtig ist hier vor allem der Zusammenhang zwischen „kollektiven" Bedingungen bzw. Ergebnissen und individuellem Handeln.

Organisationsanalyse dient der Gewinnung von Informationen und Daten. Vorteilhaft ist es daher, über einige Grundla-

gen der Datenerhebung zu verfügen. *Kapitel 3* („Daten als
Hilfsmittel der Organisationsanalyse") skizziert daher die in
der Organisationsforschung wichtigsten Datenerhebungsmethoden und gibt einige Hinweise darauf, was bei der Anwendung von Dokumentenanalysen, Beobachtungen, Befragungen oder Experimenten beachtet werden sollte.

Den Kern der „Arbeitsanleitungen" dieses Buchs stellt *Kapitel 4* dar („Organisationsanalyse im Detail"). Hier geht es um
besagte detaillierte Fragestellungen in Bezug auf Themen wie
Ziele, Umweltbeziehungen, Führungsstrukturen, Kooperation und Konflikt. Eine Vielzahl von Analysefragen soll dazu
beitragen, ein möglichst deutliches und zutreffendes Bild des
fraglichen Organisationsaspekts zu entwickeln.

Von der Gliederung her bauen die vier Kapitel aufeinander
auf. Insbesondere Kapitel 1 vermittelt einige wichtige Grundlagen. Abgesehen davon können die Unterabschnitte in Kapitel 4 nicht nur selektiv bearbeitet und angewendet werden
– sie sind sogar dafür vorgesehen. Es werden sich selten Ge-
legenheiten (und verfügbare zeitliche und finanzielle Kapa-
zitäten) auftun, bei denen in einer Organisationsanalyse das
vollständige vierte Kapitel abgearbeitet wird. Vielmehr sollten aus Kapitel 4 Themen je nach aktueller Fragestellung, Be-
findlichkeit und Notwendigkeit in der Organisation ausge-
wählt werden. Als Empfehlung gilt lediglich: Abschnitt 4.1
(„Zielsetzungen") sollte in jedem Fall beachtet werden.

An dieser Stelle möchte ich Dr. Walter Rosenberger für die
Idee zu diesem Band und wertvolle Hinweise zur inhaltlichen
Bereicherung danken. Überhaupt gestaltete sich die Kooperation mit dem Verlag sehr positiv, wofür sich auch Manuela
Olsson, Doris Demel und Ulrike Messer verantwortlich zeich-
neten. Bezogen auf die Themenstellung von Kapitel 4.5 er-
brächte eine Beziehungsanalyse ziemlich erfreuliche Ergebnisse.

Danken möchte ich darüber hinaus Johann Bacher, Claudia Wenzig und Reinhard Wittenberg für Verbesserungsvorschläge zu früheren Manuskriptfassungen. In Bezug auf die in diesem Buch vertretene Sichtweise fließt bestimmt die Mehrzahl der Erkenntnissen und Erfahrungen ein, die ich bei meinen „Lehrern" Günter Büschges, Werner Raub und Thomas Voss lernen konnte. Insbesondere Erhebungs- und Analyseprojekte mit Klein- und Mittelbetrieben haben hier wertvolle Kenntnisse vermittelt.

Widmen möchte ich dieses Buch meiner Mutter Erika Prosch (1939-2000), deren schwere Erkrankung die Fertigstellung des Buchs in den letzten Monaten begleitete.

Nürnberg, im Juli 2000
DR. BERNHARD PROSCH

Inhalt

Abbildungen

1 Zur Bedeutung moderner Organisationen

Die Analyse von Organisationen hat sich in den vergangenen Jahrzehnten immer mehr zu einem wichtigen theoretischen und praktischen Thema entwickelt. Dafür ist insbesondere die zunehmende Bedeutung von Organisationen in unserer Gesellschaft verantwortlich. In den nachfolgenden Abschnitten wird daher in einer knappen Darstellung den Fragen nachgegangen, welche Rolle Organisationen heute spielen, was Organisationen sind, welche Aspekte von Organisationen in der Forschung im Vordergrund stehen, und was Organisationsanalyse eigentlich ist – denn darum soll es in diesem Buch vorrangig gehen.

1.1 Warum Organisationen?

Dieses Buch richtet sich an Leserinnen und Leser, die sich aus unterschiedlichsten Gründen für Organisationen und die Untersuchung von Organisationsstrukturen interessieren. Es wendet sich daher vor allem an Personen, die gegenwärtig oder künftig als Mitglied oder in der Beratung von Organisationen engagiert sind. Insofern geht es um einen fachspezifischen Gegenstand für ein eingrenzbares Fachpublikum.

Das Thema selbst allerdings ist in unserer heutigen Zeit äußerst allgegenwärtig: In modernen Gesellschaften kommt niemand mehr um den Kontakt mit Organisationen herum; jedermann (und jedefrau) muss sich auf die eine oder andere Weise mit Organisationen auseinandersetzen. Organisationen sind sogar ein so wichtiges Merkmal moderner Gesellschaften, dass bisweilen der Begriff „Organisationsgesellschaft" Verwendung findet (z. B. bei BÜSCHGES & ABRAHAM 1997). Er trifft jedenfalls wesentliche Merkmale der gegen-

wärtigen Arbeits und Lebenswelt besser als etwa der Begriff
„Industriegesellschaft", schließlich hat sich die Entwicklung
längst hin zur Dienstleistungs- oder besser noch Informati-
onsgesellschaft weiterbewegt.

Organisationen dominieren heute das Leben von Menschen
so stark wie nie zuvor. Dieser Einfluss setzte insbesondere
durch die Industrialisierung ein. Vor 300 oder 400 Jahren waren Organisationen noch relativ wenig bedeutsam und hatten für das alltägliche Leben der meisten Menschen kaum Re-
levanz. Eine zunehmende gesellschaftliche Differenzierung,
Arbeitsteilung und Leistungsorientierung sorgte für die große
Verbreitung des Phänomens Organisation. Anfang des 20.
Jahrhunderts war dieser Prozess in den Industriegesellschaf-
ten so weit fortgeschritten, dass Organisationen längst den
Lebensbereich aller Menschen beeinflussten.

Immerhin dauerte es bis zu diesem Zeitpunkt, dass sich die
Wissenschaft mit Organisationen beschäftigte. MAX WEBER,
einer der Gründerväter der Soziologie, setzte Anfang der
zwanziger Jahre mit seiner Untersuchung moderner Büro-
kratien Maßstäbe für künftige Forschergenerationen. Auffal-
lend ist allerdings, dass er nicht den Organisationsbegriff in
den Vordergrund seiner Studie stellte, sondern eine „Bürokratietheorie" schuf (WEBER 1972).

Überhaupt dauerte es angesichts der Bedeutung von Organisationen für moderne Gesellschaften erstaunlich lange, bis
sich die wissenschaftliche Beschäftigung mit diesem For-
schungsgegenstand etablierte. Als wichtiger Forschungszweig
der Soziologie, Psychologie und Wirtschaftswissenschaften
setzte sich die Untersuchung von Organisationen erst nach
dem Zweiten Weltkrieg durch. In den sechziger Jahren war
ihre Stellung als eigenständige Fachdisziplin allerdings noch
immer nicht gesichert. Als Begriffe wie „Organisationsentwicklung" und „Organisationsanalyse" längst in Benutzung
waren, ging man noch sehr vorsichtig mit Bezeichnungen wie

„Organisationspsychologie" oder „Organisationssoziologie"
um. So lehnte MAYNTZ in ihrem einflussreichen Buch über die
Soziologie der Organisation den Begriff „Organisationssoziologie" noch explizit ab: „Die soziologische Behandlung
der Organisation beansprucht nicht den Rang einer speziellen Soziologie" (1963, S. 148). Heute ist die Organisationsforschung ein interdisziplinäres Gebiet, das aus der Sicht ver-
schiedenster Fachrichtungen bearbeitet wird.

Organisationen sind allerdings keine Erfindung der Moderne. Schon in der Antike gab es straff gegliederte Organisationen mit einem hohen Grad an Effizienz und Bedeutung für
Organisationsmitglieder. MAYNTZ (1963, S. 8) weist daher
darauf hin, dass Organisationen der Antike modernen Organisationen ähnlicher sind „als alles, was es in den Jahrhun-
derten nach dem Zerfall des Römischen Reichs in Mitteleu-
ropa gab". Mit dem Untergang des Römischen Weltreichs
blieb davon also nicht mehr viel übrig. Dies deutet darauf hin,
dass die Entstehung von Organisationen keine zwangsläufi-
ge Tendenz jeder Kultur darstellt. Deutlich wird daran zudem, dass sich heutige Organisationen und deren Strukturen
kaum in einen direkten und lückenlosen Prozess der Entstehung und Entwicklung von Organisationen einordnen lassen.

Wesentliche Merkmale unserer heutigen „Organisationsge-
sellschaften" sind die Verbreitung und die Allgegenwärtigkeit
von Organisationen. Mit ihrer Verschiedenartigkeit und ihrer Anzahl bilden Organisationen heute regelrechte Netz-
werke (vgl. BÜSCHGES & ABRAHAM 1996, S. 27), in denen sich
moderne Menschen zurechtfinden und bewegen (müssen).
Organisationen bilden in dieser Hinsicht einen wesentlichen
Lebensraum, in dem der oder die Einzelne einen Großteil der
Lebenszeit verbringt, zwischenmenschliche Kontakte pflegt,
Konflikte austrägt und den Lebensunterhalt sichert. Durch
ihre zentrale Stellung „vermitteln Organisationen zwischen
dem einzelnen Mitglied unserer Gesellschaft und der Ge-
samtgesellschaft" (BÜSCHGES & ABRAHAM 1996, S. 28), ver-

binden also den Einzelnen mit oft schwer greifbaren kollektiven Strukturen.

Die Allgegenwärtigkeit von Organisationen im täglichen Leben äußert sich an der Bedeutung von Einrichtungen wie Schulen, Ämtern, Parteien, Vereinen, Gewerkschaften und nicht zuletzt Unternehmen. Die Präsenz von Organisationen beeinflusst den Tagesablauf heute lebender Menschen so stark, dass er oft wie ein fast lückenloser Wechsel von (direktem oder auch indirektem) Organisationskontakt zu Organisationskontakt aussieht.

Beispiel:
Frau K. sei Leiterin eines Reisebüros. Ihr Tag beginnt mit einem Frühstück, das aus Produkten einer Bäckereikette und mehrerer Lebensmittelkonzerne besteht. Anschließend fährt sie mit einem Fahrzeug eines bekannten Automobilkonzerns zu einem Park&Ride-Parkplatz, um von dort mit öffentlichen Verkehrsmitteln einer regionalen Verkehrsgesellschaft in die Innenstadt zu gelangen. Dort verbringt sie die nächsten Stunden im Reisebüro mit der Beratung von Kunden und Kontakten zu Reiseveranstaltern und der Unternehmenszentrale. In der Mittagspause stärkt sie sich in einem Selbstbedienungsrestaurant und löst in einer Apotheke ein Rezept ein. Nach dem Ende ihres Arbeitstags kauft sie in einem Supermarkt ein und überlegt, ob sie den Abend beim Frauenkreis ihrer Kirchengemeinde, bei einer Vorstellung des städtischen Theaters oder zuhause mit dem Genuss des Fernsehprogramms verbringen soll. Schließlich kommt sie in ihre Wohnung zurück, die drei Jahre zuvor von einer Wohnungsbaugesellschaft bezugsfertig gemacht worden war.

Frau K. hat an diesem Tag Kontakt mit verschiedensten Organisationen und deren Erzeugnissen – von der Bäckereikette über die Verkehrsgesellschaft bis hin zu Reiseveranstaltern und Fernsehstationen. Eine Liste solcher Beispiele ist beliebig erweiterbar. Ob Manager, Handwerker oder Schülerinnen –

Organisationen und deren Tätigkeit reichen weit in das individuelle Leben hinein und bestimmen Möglichkeiten, Gestaltung und Ablauf des Tages. Unser heutiges Leben findet zu großen Teilen in Organisationen und mit der Nutzung der Angebote von Organisationen statt. Schon aufgrund ihrer Alltagsbedeutung ist die Beschäftigung mit Organisationen also sinnvoll. Dies gilt erst recht, wenn die Untersuchung und Gestaltung von Organisationen ein berufliches Tätigkeitsfeld darstellt.

1.2 Was sind Organisationen?

Doch was sind Organisationen eigentlich? Welche Definition trifft die Bedeutung des Begriffs? Hier zeigen sich in der Literatur Schwierigkeiten, die angesichts der Wichtigkeit von Organisationen zunächst einmal erstaunlich wirken mögen. Die Definitionen in einschlägigen Fachbüchern sind untereinander weder deckungsgleich noch absolut widerspruchsfrei. Oft bestehen sogar kontroverse Auffassungen über die Definitionsinhalte. Das kann sogar so weit gehen, dass Forscher ihre eigenen Definitionen nach einiger Zeit ablehnen. So bezeichnet SCOTT (1986, S. 44) seine frühere Definition in einer einflussreichen Publikation „heute etwas irreführend".

Es ist schwierig, mit einer Organisationsdefinition das Phänomen inhaltlich vollständig zu erfassen und es gleichzeitig von anderen Gegenständen abzugrenzen. Voss (1991, S. 429) weist darauf hin, dass das Definitionsproblem häufig umschifft wird, indem Autoren stattdessen eine Liste von Beispielen präsentieren. Einen anderen Ausweg wählt SCOTT (1986, S. 45ff.): Als Konsequenz aus der Unmöglichkeit, eine einheitliche Definition zu kreieren, die alle aus seiner Sicht wesentlichen Aspekte von Organisationen in sich vereint, definiert SCOTT Organisationen dreimal unterschiedlich. Er gibt zwar zu, diese Vorgehensweise sei ungewöhnlich und „zwei-

fellos verwirrend" – „Aber besser das Schlimmste zuerst!"
(SCOTT 1986, S. 47).

Die Vielfalt und Uneinheitlichkeit der Definitionen spiegelt
weniger die Uneinigkeit von Organisationsforschern wider
als vielmehr die Vielfalt von Sichtweisen auf bestimmte
Aspekte von Organisationen. Zurecht weist SCOTT (1986,
S. 47) darauf hin, dass Definitionen an sich nicht richtig oder
falsch sein können. Vielmehr können sie lediglich mehr oder
weniger gut Bedeutungen erfassen und den Blick auf bestimmte Aspekte lenken. Definitionen hängen in dieser Hinsicht also wesentlich davon ab, welche Gesichtspunkte, Sichtweisen und Ziele man in den Vordergrund stellen möchte.

Definitionsversuche werden auch dadurch erschwert, dass es
*keine eindeutigen und vom Sinngehalt vollständigen Synony-
me für den Organisationsbegriff* gibt. In der Literatur finden
sich die unterschiedlichsten Umschreibungen, die allerdings
alle unvollständig bleiben und zudem meist sehr akademisch
klingen. So ist von Ressourcenpools, korporativen Akteuren,
sozialen Subjekten, sozialen Gebilden, sozialen Einheiten,
Zusammenschlüssen, Vereinigungen, Koalitionen und Kol-
lektivitäten die Rede.

Mehr Einigkeit herrscht darüber, was Organisationen wie Be-
triebe, Ämter und Vereine *nicht* sind. Insbesondere die Abgrenzung zu umgangssprachlichen Bedeutungsinhalten des
Begriffs ist hier wichtig (vgl. auch ENDRUWEIT 1981, S. 13f.,
MAYNTZ 1963, S. 37). Eine Organisation im o. g. Sinn ist
nicht gemeint, wenn der Begriff für den Prozess des Organisierens verwendet wird. Diese auch in der Betriebswirtschaft
geläufige Bedeutung zielt auf die planmäßige Regelung eines
Vorgangs – z. B. die Gestaltung und Planung einer Werbe-
veranstaltung oder einer Messepräsentation – ab.

Eine zweite Grundbedeutung zielt auf das Ergebnis des Organisierens. Es handelt sich um Organisiertheit im Sinne ge-

ordneter Beziehungen. „Organisation" wäre hier so etwas
wie planmäßige Ordnung oder Sozialstruktur. Die Anord-
nungen und Regelungen innerhalb einer betrieblichen Abteilung oder einer Sparte in einem Sportverein sind hiermit gemeint.

Organisationen im Sinne eines Zusammenschlusses von Personen zu einem korporativen Akteur unterscheiden sich von
diesen beiden Bedeutungen. In der Literatur wird zur Definition meist eine Liste von Eigenschaften präsentiert, um das
Phänomen einzugrenzen. Als wichtigste Eigenschaften lassen
sich die nachfolgenden Punkte festhalten (vgl. z. B. BÜSCH-
GES & ABRAHAM 1996, ENDRUWEIT 1981).

Organisationen sind Zusammenschlüsse von Personen

Von Organisationen spricht man nicht bei „Ein-Mann-Ver-
anstaltungen". Beteiligt sind stets mehrere Personen – in welcher Funktion auch immer. Dies ist ein wesentlicher Grund
dafür, warum bei den o. g. synonymähnlichen Bezeichnungen
so häufig von „sozial" die Rede ist. Eine Organisation um-
fasst also die Beteiligung mehrerer Personen – sie ist in diesem Sinne eine Vereinigung oder ein kollektives Gebilde.

Dies muss natürlich nicht bedeuten, dass – gewissermaßen
wie im Lehrbuch – vor der Geburt einer Organisation stets
eine Anzahl von Menschen zusammenkommt, die miteinander sprechen und letztlich beschließen, eine neue Organisation ins Leben zu rufen. Auch Einzelpersonen können heutzutage im Prinzip eine Organisation gründen – sie funktioniert
aber nur durch die Beteiligung weiterer Menschen.

Wäre die Aufgabe einer Organisation auch durch eine Einzelperson zu bewältigen, so käme es erst gar nicht zu einer Or-
ganisationsgründung. Letztere erfolgt erst dann, wenn gewisse Ziele durch das Zusammenwirken mehrerer Personen

besser erreicht werden können als von einzelnen Menschen. Dies gilt auch im Hinblick auf die Funktion von Märkten. Ein wichtiger Zweig der Organisationsforschung – die Transaktionskostentheorie (vgl. WILLIAMSON 1990) – untersucht, wann Austauschbeziehungen nicht mehr über Märkte abgewickelt, sondern innerhalb einer Organisation geregelt werden.

Organisationen sind zielgerichtet

Organisationen sind nie zweckfrei. Sie entstehen auch nicht durch Zufall. Zwar gibt es zahlreiche soziale und ökonomische Phänomene, die auch ungewollt und ohne ausdrückliche Intention der Beteiligten entstehen können (wie etwa Verkehrsstaus, Börsencrashs oder Inflationen) – Organisationen gehören allerdings nicht dazu.

Organisationen sind auf die Erreichung bestimmter Ziele und die Erfüllung spezifischer Zwecke ausgerichtet. Ihre Legitimation und ihr Erfolg misst sich an dieser Zielerfüllung. Für diese Zwecke wurden Organisationen gegründet. Konkret: Menschen machten sich irgendwann Gedanken um die Erreichung bestimmter Ziele und entschieden sich für die Gründung einer Organisation – mit dem Hintergedanken, dass die Ziele so besser erreichbar sind.

Meist sind die Ziele einer Organisation in offiziellen Dokumenten festgehalten. Manchmal ergeben sie sich auch indirekt aus den Gründungs- und Aktivitätsabsichten. Die Zielgerichtetheit von Organisationen bedeutet allerdings nicht, dass die Zieldefinition unabänderlich ist. Zwar existieren Organisationen, deren spezifische Ziele rechtskräftig geschützt und damit meist unveränderlich sind (z. B. Stiftungen). Für die meisten Organisationen gelten allerdings flexiblere Bedingungen, die damit den Wirkungskreis erweitern und das Überleben sichern können (man denke nur an Wirtschaftsunternehmen, die in der Lage sein müssen, ihre Angebotspalette je nach Marktsituation auch drastisch zu verändern).

Organisationen sind auf Dauer eingerichtet

Organisationen sind keine flüchtigen und kurzlebigen Phänomene. Sie werden für eine längerfristige Lebensdauer errichtet. Meist wird bei der Gründung eine Lebensdauer auf unbestimmte Zeit vorgesehen. Die Längerfristigkeit liegt in erster Linie nicht an den manchmal aufwändigen Gründungs- und Auflösungsvoraussetzungen in modernen Gesellschaften, sondern an der Komplexität und Dauerhaftigkeit der Aufgabenstellung.

Erfahrungsgemäß gibt es natürlich auch Organisationen, die nur sehr kurz bestehen und dann aufgrund strategischer Erwägungen oder unglücklicher Umstände wieder aufgelöst werden. Diese Ausnahmen bestätigen allerdings die Regel, dass Organisationen von ihrer Gründungsintention her weitaus mehr auf Dauerhaftigkeit und Langfristigkeit angelegt sind als informelle oder spontane Zusammenschlüsse von Menschen und langfristige Funktionen übernehmen können.

Organisationen sind arbeitsteilig gegliedert

Die Erreichung der spezifischen Ziele einer Organisation erfordert die Koordination von Organisationsmitgliedern. Da diese Koordination menschlichen Handelns zweckorientiert ist, wird sie oft als „rational" bezeichnet. Man sollte diesen Begriff nicht im Sinne von „perfekt durchdacht" oder „optimal an Erfordernisse angepasst" verstehen. Vorhandene Organisationsstrukturen können durchaus fehlerhaft und unproduktiv sein – auch wenn sie letztendlich an den Organisationszwecken orientiert sind. Hier unterscheiden sich gut und weniger gut funktionierende Organisationen.

Die Aufgliederung von Tätigkeiten auf verschiedene Organisationsmitglieder sorgt für Arbeitsteilung, Verantwortungsbereiche, Rollendifferenzierungen und Machtungleichgewichte. Offiziell vorgegebene Tätigkeits- und Verantwortungsfelder bilden die formale Struktur einer Organisation.
Normalerweise regelt die formale Struktur die Aktivitäten der
Mitglieder, die Hierarchie nach innen und die Vertretung
nach außen.

Die *formale Struktur* legt verschiedene Arbeitsaufgaben innerhalb der Organisation fest. Diese Aufgaben bestehen ähnlich wie Rollen oder Positionen unabhängig von konkreten
Personen. Je nach ihrer Eignung[1] können Personen auf bestimmte Positionen innerhalb der Organisation gesetzt werden. Die formale Aufgabenverteilung beeinflusst in diesem
Sinne daher auch die Voraussetzungen und Verfahren für die
Rekrutierung neuer Organisationsmitglieder.

Neben der formalen Struktur existiert in Organisationen die
nicht minder wichtige *informelle Struktur.* Hiermit sind Beziehungen und Gegebenheiten gemeint, die nicht offiziell vorgegeben sind. Meist entstehen informelle Strukturen in einem
fortgesetzten Interaktionsprozess der Organisationsmitglieder untereinander und erlangen eine gewisse Stabilität im
Laufe der Zeit. Ob wohlwollend oder aggressiv, förderlich
oder unproduktiv – wie solche informellen Beziehungsgeflechte aussehen, hängt einerseits von den beteiligten Persönlichkeiten und andererseits von den formalen Strukturen ab.
Denn über die formelle Gestaltung der Tätigkeitsprozesse
werden die Kontakte und Kontaktmöglichkeiten der Organisationsmitglieder bestimmt.

Das Zusammenwirken von formalen und informellen Strukturen ist für das Funktionieren von Organisationen von emi-

---

1 ... oder je nach ihrer Protegierung (so etwas soll ja auch hin und wieder vorkommen ...).

nenter Bedeutung. Da formale Vorgaben nicht immer perfekt oder vollständig sind, ist die Ergänzung durch informelle Regelungen wichtig. Daraus speist sich die Erfahrung, dass der „Dienstweg" alles andere als der schnellste und zweckmäßigste Weg zur Erfüllung bestimmter Aufgaben darstellt. Probleme ergeben sich allerdings dann, wenn formale Vorgaben und informelle Regelungen kollidieren und unvereinbare Vorgehensweisen vorsehen. In solchen Fällen sind massive Konflikte unvermeidlich und können sogar zu einer Gefährdung der gesamten Organisation führen.

Organisationen sind hierarchisch gegliedert

Formale, aber auch informelle Strukturen sorgen in Organisationen für eine Hierarchisierung der Beziehungen zwischen Positionen bzw. Menschen. Manche Organisationsmitglieder verfügen demnach über mehr Weisungsbefugnisse (und damit auch Macht) als andere Organisationsmitglieder. Diesen Führungskräften obliegt die Leitung und Lenkung der Organisation bzw. bestimmter Organisationsstrukturen.

Wie jeder weiß, variiert der Grad an Hierarchisierung von Organisation zu Organisation. So existieren auch Organisationen mit einem gleichsam basisdemokratischen Anspruch, in denen versucht wird, Hierarchisierung und Formalisierung weitgehend zu vermeiden (vgl. SCOTT 1986, S. 45f.). Ein Grund dafür ist, dass eine übermäßige Amtsautorität und Hierarchiebildung die Kreativität und Entfaltung persönlicher Fähigkeiten hemmt. In Situationen, in denen die Koordination mehrerer Personen unter Zeitdruck erfolgt (z. B. beim Militär, bei der Feuerwehr oder in medizinischen Notfallsituationen) kann eine Hierarchisierung mit klaren Weisungsstrukturen lebensnotwendig sein.

Zusammenfassend lässt sich an dieser Stelle folgende *Definition* für Organisationen festhalten:

Organisationen sind zielgerichtete und relativ dauerhafte
Zusammenschlüsse von Personen mit arbeitsteiliger und
hierarchischer Gliederung.

Wenn man mit dieser kurzen Definition die o. g. Inhalte ver-
bindet, wird ein Großteil an Organisationsforschern (und
vielleicht auch an Praktikern) der Definition zustimmen können. Einige Autoren gehen bei Definitionen weniger in die
Tiefe, anderen werden die o. g. Inhalte nicht weit genug gehen. Dies hängt sehr stark von der Sichtweise auf soziale Phänomene im Allgemeinen und Organisationen im Besonderen
ab[2]. Im nächsten Abschnitt soll daher zunächst ein kurzer Abriss wichtiger Organisationstheorien folgen.

1.3   Theorien über Organisationen

Im Bereich der Organisationsforschung herrscht eine Vielzahl
von Theorien und Denkansätzen vor. Alleine im von KIESER
(1993) herausgegebenen einführenden Lehrbuch wird rund
ein Dutzend Organisationstheorien unterschiedlichster Ausrichtung vorgestellt. Zu den wichtigsten Ansätzen der Organisationstheorie und -forschung zählen die Bürokratietheorie,
die Management-Lehre, die Human-Relations-Theorie, die
Entscheidungstheorie, der Situative Ansatz, der Evolutionstheoretische Ansatz und die Transaktionskostentheorie[3]. All

---

2 Der Begriff „sozial" wird in diesem Buch mit einer spezifischen Bedeutung verwendet. „Sozial" meint hier nicht die bisweilen auch verwendete Eigenschaft der
   Wohltätigkeit bzw. Selbstlosigkeit, die mit dem Begriff „prosozial" besser um-
   schrieben wird. Die in diesem Buch verwendete Bedeutung weist eine solche Wer-
   tung nicht auf. „Sozial" wird vielmehr im Sinne von „kollektiv" verstanden, d. h.
   mehrere Menschen, Gruppen oder eine ganze Gesellschaft betreffend. Ein soziales Phänomen ist also kein Sachverhalt besonderer Wohltätigkeit, sondern ein
   Umstand, der mehrere Personen betrifft – im Gegensatz zu Umständen, die nur
   einen einzelnen Menschen betreffen. In diesem Sinne sind die Steuergesetzgebung,
   ein Börsencrash und ein Verkehrsstau soziale Phänomene. Wenn unsere Frau K.,
   die Reisebüroleiterin, ihren Autoschlüssel im Büro vergisst, mag das ziemlich är-
   gerlich für sie sein, um ein soziales Phänomen handelt es sich allerdings nicht. Der
   Begriff „sozial" ist insbesondere für die Soziologie von Bedeutung, da er ihr Auf-
   gabenfeld beschreibt (vgl. ESSER 1993, S. 19ff).
3 In Ergänzung der nachfolgenden kurzen Abrisse siehe auch VOSS (1991), SCOTT
   (1986) und KIESER (1993).

diese Theorieansätze untersuchen Aspekte, die für das Funktionieren und den Erfolg von Organisationen wichtig sind und demnach eine potenzielle Rolle bei Organisationsanalysen spielen können. Ein Blick auf diese Aspekte von Organisationen ist daher für die praktische Durchführung von Organisationsanalysen recht aufschlussreich.

Bürokratietheorie
Mit seiner Bürokratietheorie geht MAX WEBER auf die Funktion von bürokratisch verfassten Organisationen ein. Er stellt sie als eine wichtige Form der Ausübung von Herrschaft – der „legalen" Herrschaft – dar. Sein Hauptaugenmerk gilt dabei *formalen Strukturen* der Arbeitsteilung, Weisungsbefugnisse, Amtshierarchie, standardisierter Tätigkeiten und offizieller Dienstwege. Die Organisation sieht damit Positionen und Rollen vor, die nicht an konkrete Menschen gebunden sind, sondern je nach Qualifikation und Leistung besetzt, freigemacht und wieder besetzt werden können. Für WEBER sind bürokratische Organisationen die günstigste, weil rationalste Form der Erfüllung administrativer Aufgaben.

Management- oder Organisationslehre
Die Management- oder Organisationslehre basiert wesentlich auf der betriebswirtschaftlichen Sichtweise des Taylorismus. Der *Taylorismus* verfolgt die Idee, wissenschaftliche Methoden für die Rationalisierung der Arbeitsvorgänge – insbesondere in Industriebetrieben – einzusetzen. Dieses von FREDERIC WINSLOW TAYLOR zu Beginn des 20. Jahrhunderts entwickelte „Scientific Management" zielt vor allem auf Maßnahmen der Arbeitsorganisation und Arbeitsteilung. Der Taylorismus steht in naher Verwandtschaft zur *Organisationslehre,* deren prominentester früher Vertreter HENRI FAYOL darstellt. FAYOL ging es ebenfalls um die Verbesserung der Effizienz in Organisationen, wobei sein Schwerpunkt auf dem administrativen Bereich lag, für den er Richtlinien des Organisierens entwickelte.

Human-Relations-Theorie
Die Human-Relations-Theorie basiert gewissermaßen auf der
„Entdeckung" der *Bedeutung informeller Beziehungen in
Organisationen.* Eine umfangreiche Serie von Experimenten
in den Hawthorne-Werken im Chicago der zwanziger Jahre
offenbarte, dass die Arbeitsleistung oft weniger von zentral
kontrollierten Organisationsstrukturen abhängt als vielmehr
von der Zufriedenheit und Motivation der Mitarbeiter. Es
zeigte sich, dass die sozialen Beziehungen in Organisationen
von großer Bedeutung sind. Führungsstrukturen, Beziehungen innerhalb von Arbeitsgruppen und Motivation durch
Identifikation und Anreize stehen hier im Vordergrund.

Entscheidungstheorie
Die verhaltenswissenschaftliche Entscheidungstheorie stellt
die individuellen Entscheidungen in Organisationen noch
weiter in den Mittelpunkt der Betrachtung. In Organisationen muss eine Vielzahl individueller Entscheidungen zugunsten der spezifischen Organisationsziele koordiniert werden.
Aus dieser Sicht funktionieren Organisationen durch die *Kooperation von Individuen.* Diese Kooperation kommt nicht
vorrangig dadurch zustande, dass die beteiligten Personen
selbstlose, kollektive Zwecke verfolgen. Vielmehr bringen sie
ihre Ressourcen und Fähigkeiten ein, um individuelle Ziele zu
erreichen. Wichtig für Organisationen ist es daher, Bedingungen und Anreize zu schaffen, die ihre Mitglieder dazu ver-
anlassen, Entscheidungen zu treffen und Handlungen durchzuführen, die eine Erfüllung übergeordneter Organisationsziele gewährleisten.

Situativer Ansatz
Der Situative Ansatz – auch Kontingenztheorie – bezweifelt
den Versuch früherer Organisationsforscher, allgemeine und
auf sämtliche Organisationen anwendbare Prinzipien aufzu-
stellen. Aus der Sicht dieses Ansatzes gibt es keine universell
„besten" Organisationsmethoden und -strukturen. Vielmehr
hängt die sinnvolle und erfolgreiche Gestaltung von Organi-

sationen von der Situation ab, in der sie steht. Diese *Situationsabhängigkeit* bezieht sich einerseits auf die internen Bedingungen und andererseits ganz wesentlich auf die aufgabenspezifische und globale Umwelt. Um ihre Ziele erfüllen zu können, muss eine Organisation ihre Strukturen an die jeweils vorherrschende Situation anpassen. Gestaltungsentscheidungen hängen dieser Konzeption zufolge also stark von Umweltbedingungen ab.

Evolutionstheoretischer Ansatz

Der Evolutionstheoretische Ansatz – auch als Populationsökologischer Ansatz bezeichnet – weist der Umwelt ebenfalls eine entscheidende Rolle zu. Der Wandel von Organisationsformen und –strukturen erklärt sich aus einem darwinschen Selektionsprozess zwischen gut angepassten und damit überlebenden Organisationen sowie weniger gut angepassten und daher aussterbenden Organisationen. Organisationstypen werden hier weniger als einzelne Einrichtungen, sondern vielmehr als ganze Populationen betrachtet, die sich ausbreiten, stagnieren oder aussterben. Analog zur biologischen Evolutionstheorie spielen dabei Einflüsse wie Umweltveränderungen, Mutationen, Variation und nicht zuletzt auch der Zufall eine erhebliche Rolle.

Transaktionskostentheorie

Im Gegensatz zu einer solchen globalen Perspektive auf ganze Populationen betrachtet die Transaktionskostentheorie den einzelnen Austauschvorgang – die „Transaktion" – als Analyseeinheit. Die grundsätzliche Fragestellung hierbei ist, welche institutionellen Regelungen für den Güter- oder Leistungsaustausch am effizientesten sind. Hierbei geht es insbesondere um die Nebenkosten, die für die Initiierung, Abwicklung, Absicherung und Überwachung von Tauschprozessen entstehen. Eine wesentliche Rolle spielen bei dieser Perspektive *Probleme und Bedingungen kooperativer Beziehungen zwischen Leistungsanbietern und -abnehmern*. Mit diesem Ansatz kann einerseits das Entstehen von Organisa-

tionen nachvollzogen werden, da diese im Vergleich zu
Marktbeziehungen Verhandlungs- und Kontrollkosten min-
dern. Anderseits ist es möglich, die Art der Gestaltung kooperativer zwischenbetrieblicher Beziehungen – das institu-
tionelle Arrangement – auf Bedingungen der Transaktion
zurückzuführen. Sind beispielsweise beziehungsspezifische
Investitionen einer Seite nötig, wird diese eher auf eine langfristige und dauerhafte Austauschbeziehung drängen.

1.4   Organisationen – eine Ansichtssache

Dieser Abriss wichtiger Organisationstheorien und -ansätze
kann nicht alle vorhandenen Betrachtungsweisen vollständig
erfassen. Er verdeutlicht allerdings, wie vielfältig und unterschiedlich die Forschungsperspektiven sind. Die Unterschie-
de in der Betrachtungsweise und die teilweise vorhandenen
Widersprüche zentraler Aussagen machen es zu einem Ding
der Unmöglichkeit, einen allgemein anerkannten Konsens
oder eine Theorie des kleinsten gemeinsamen Nenners zu
konstruieren.

Dies müsste im Prinzip auch kein Problem sein. Doch in den
Sozialwissenschaften erscheinen theoretische Ansätze und
Sichtweisen manchmal wie grundsätzliche Glaubensbe-
kenntnisse. Eine Integration verschiedener Perspektiven wird
eher selten angestrebt. Dies liegt u. a. daran, dass in den Sozialwissenschaften bisweilen wenig Konsens über Erkenntnisse, Vorgehensweisen und Forschungsmethoden vorherrscht. Dafür lassen sich drei (potenzielle) Gründe anführen.

Erstens ist die systematische Forschung auf dem Gebiet der
Sozialwissenschaften jünger als in zahlreichen anderen Wis-
sensgebieten. Der Erkenntnisstand kann also schon aufgrund
des noch jungen kumulativen Effekts der Wissensanhäufung
nicht so hoch wie anderswo sein. Immerhin kann bei dieser

Begründung die Hoffnung weiterleben, dass in nicht all zu ferner Zukunft auch ein höheres Maß an Einigkeit über Methoden, Theorien und Erkenntnisse entsteht.

Zweitens macht die Komplexität menschlichen Lebens Probleme. Menschliche Reaktionen sind offensichtlich weniger gut vorhersagbar als das Verhalten von Amöben, Ameisen oder fallender Äpfel. Diese Schwierigkeit wird noch größer, wenn es nicht um Einzelreaktionen, sondern um soziale Phänomene wie Gruppen, Massen, Gesellschaften oder eben Organisationen geht. Dennoch allgemein gültige Gesetze und Feststellungen zu finden, fällt den Sozialwissenschaften offensichtlich schwer – so schwer, dass manche Theorieansätze sogar davon abraten, überhaupt nach sozialen Gesetzmäßigkeiten zu suchen.

Drittens bietet die Komplexität des sozialen Lebens auch eine Vielzahl unterschiedlicher Sichtweisen und Fragestellungen. Die Erforschung beispielsweise des menschlichen Verhaltens in Notfallsituationen fordert daher zwangsläufig andere Vorgehensweisen als die Untersuchung des Images eines Markenproduzenten oder der Sozialstruktur eines Entwicklungslands. Schon aus diesem Grund können Forschungs- und Untersuchungsperspektiven so weit auseinanderliegen, dass eine enge Verbindung oder gar Integration kaum möglich ist.

Die Methoden- und Theorienvielfalt in den Sozialwissenschaften kann folglich durchaus als fruchtbar und notwendig betrachtet werden. Sie stellt im Übrigen gar keinen großen Unterschied zu den Naturwissenschaften dar. Auch dort gibt es zahlreiche Gebiete mit uneinheitlichen Auffassungen und kontroversen Theorieansätzen. DIEKMANN (1995, S. 17) stellt daher angesichts der unterschiedlichsten Forschungsobjekte und Fragestellungen die Vielfalt in der „Werkzeugkiste" der Sozialforschung als wichtig und nützlich dar. Die ausschließliche Beschränkung auf *eine* theoretische oder methodische

Vorgehensweise kann den Blick auf wichtige Aspekte eines Problems verwehren. Geht es um die Erforschung und Lösung wissenschaftlicher oder praktischer Probleme, „dann sollte in der Regel nicht die Methode das Problem, sondern umgekehrt das Problem die Auswahl der Methode bestimmen" (DIEKMANN 1995, S. 18).

In der Sozialforschung besteht folglich eine Vielzahl nebeneinander stehender und sich z. T. sogar widersprechender Theorieansätze, Denkmodelle und Methoden. Wie die oben angestellte Übersicht über einige Organisationstheorien zeigt, gilt dies auch für die Organisationsforschung. KIESER erläutert diesen Umstand mit der Metapher eines indischen Märchens, in dem sechs blinde Männer auf einen Elefanten, ein ihnen unbekanntes Wesen, treffen. Je nachdem, welches Körperteil die Blinden zu fassen bekommen, entwickeln sie ihre Erkenntnisse über Gestalt und Eigenschaften des Elefanten. Wer am Schwanz steht, wird andere Theorien und Erkenntnisse entwickeln als jemand, der den Rüssel des Elefanten begutachtet.

Wollen Organisationsforscher die Strukturen und das Funktionieren ihres Forschungsgegenstands analysieren, ergeht es ihnen „ähnlich wie den Blinden in diesem indischen Märchen: Mit ihren Ansätzen und Methoden erfassen sie jeweils nur bestimmte Aspekte von Organisationen" (KIESER 1993a, S. 1). Die Komplexität und Vielfalt von Fragestellungen zu Organisationen erfordern daher auch eine Vielfalt an theoretischen und methodischen Instrumenten.

Es ist daher auf absehbare Zeit und womöglich überhaupt niemals möglich, alle alternativen Theorieansätze an der Realität gegeneinander zu testen, bis nur noch ein Ansatz – gewissermaßen die „goldene" Theorie – übrig bleibt, die sich auf alle Aspekte von Organisationen erfolgreich anwenden lässt. Insofern ist es in Bezug auf Organisationen „unmöglich, alle ihre Eigenschaften und alle Beziehungen zwischen ihren Elementen in einer Theorie zu erfassen" (KIESER 1993a, S. 1).

Man sollte daher bei der Beurteilung von Theorien und Denkmodellen zu Organisationen vorsichtig sein. Die Unterscheidung zwischen guten und schlechten Theorien führt hier eher in die Irre. Besser wäre eine Einteilung in geeignete und weniger geeignete Ansätze – je nach Fragestellung und Untersuchungsproblem.

Dementsprechend wird in diesem Buch auch nicht die eine, allein seligmachende Theorie vorgestellt. Die Vielfalt an Theorien und Denkansätzen hat durch die verschiedensten Aspekte der Wirklichkeit und verschiedene Herangehensweisen ihre Berechtigung. Ganz ohne theoretischen Hintergrund geht es allerdings auch nicht, da es für das Verständnis bestimmter Aspekte der Organisationsanalyse wichtig ist, welches allgemeine Denkmodell der Organisation verfolgt wird. Aus dem im zweiten Kapitel vorgestellten Denkmodell lassen sich zahlreiche Aspekte von Organisationen ableiten, die für die Organisationsanalyse wichtig sind. Gleichzeitig bleibt das Denkmodell so offen, dass zahlreiche bedeutende Theorien der Organisationsforschung und praktische Erfahrungen der Leserinnen und Leser integriert werden können.

1.5 Die Analyse von Organisationen

Organisationen sind also ein wesentliches Merkmal moderner Gesellschaften. Sie beeinflussen sowohl die Gesellschaft in ihren übergreifenden Strukturen als auch das tägliche Leben jedes einzelnen Menschen. Vor dem Hintergrund dieser Bedeutung von Organisationen ist es naheliegend, dass auch ihre Untersuchung und Analyse einen wichtigen Stellenwert besitzt. Die oben vorgestellten Organisationstheorien belegen, dass dementsprechend die Beschäftigung mit Organisationen ein wichtiges Arbeitsfeld mehrerer Disziplinen der Wirtschafts- und Sozialwissenschaften darstellt. Darüber, was Organisationsanalyse ist, besteht allerdings wenig Konsens.

Aber vielleicht ist das angesichts der Heterogenität bestehender Denkansätze über Organisationen und deren Wirkungen gar nicht verwunderlich.

Zunächst einmal ist klarzustellen, dass „Organisationsanalyse" in einem umfassenden Sinne praktisch gar nicht möglich ist. Eine vollständige und lückenlose „Analyse" von Organisationen ist schlichtweg nicht zu leisten. Auch das vorliegende Buch wird für diesen Zweck keine Anleitungshilfe bieten. Organisationen bestehen aus einer unfassbar großen Vielfalt an Aspekten, Strukturen und Wirkungsmechanismen. Diese alle erfassen zu wollen, käme einem Kampf gegen Windmühlen gleich.

Organisationsanalyse kann nur die Erfassung selektiver Aspekte des Organisationslebens betreffen.

Das selektive Vorgehen hat Vor- und Nachteile. Nachteilig ist daran, dass die Gefahr besteht, bei der Analyse wichtige Aspekte zu übersehen. Eine Organisationsanalyse kann noch so sorgfältig durchgeführt sein – sie ist fast wertlos, wenn sie Informationen übergeht, die zur Beantwortung anstehender Fragestellungen entscheidend sind. Ein Vorteil ist allerdings, dass Organisationsanalyse kein Fass ohne Boden darstellt, sondern ein vom zeitlichen und organisatorischen Aufwand her begrenztes Unterfangen bleibt. Gerade für die Anwendung in der Organisationspraxis ist dies ja alles andere als nebensächlich. Konkrete Fragestellungen bestimmen die begrenzten Inhalte der Analyse. Allerdings ist es dafür wichtig, sich zu Beginn der Analyse über das grundlegende Problem, die Intentionen und die Ziele eingehend Gedanken zu machen. Aus diesem Grund ist in Kapitel 4 den Zielen der Organisation im Allgemeinen und der Organisationsanalyse im Speziellen ein eigener Abschnitt gewidmet (s. S. 111ff.).

Damit ist also klar, was eine Organisationsanalyse ist und wozu sie durchgeführt wird. Ist es das wirklich? In den vorigen

Abschnitten wurde zwar viel von Organisationen, der Erforschung von Organisationen und deren Analyse gesprochen. Doch eine klare Definition der Organisationsanalyse wurde noch nicht geboten. Das ist für einen Soziologen fast ein wenig ungewöhnlich, war doch der Begriffsfetischismus gerade in der Soziologie zumindest in der Vergangenheit sehr verbreitet. Im Extremfall ging dies so weit, dass Begriffsexplikationen und die Aufstellung von Nomenklaturen fast gleichgesetzt wurden mit Wissenschaft. Ein Ergebnis war dann bisweilen eine regelrechte Geheimsprache, die nur Eingeweihte verstanden (und auch diese nicht immer). Dies ist einer der Gründe, warum nichtsoziologische Laien manche Fachpublikation begrifflich und daher auch inhaltlich gar nicht verstehen konnten.

Ich möchte die Leserinnen und Leser daher nicht mit einer Liste eigener Wortschöpfungen und umfangreicher Fachdefinitionen bombardieren. Doch um die Klärung einiger Begrifflichkeiten komme auch ich nicht herum. Im nächsten Kapitel wird beispielsweise eine Sichtweise auf Organisationen eine Rolle spielen, für die in der aktuellen Diskussion bereits gängige Fachbegriffe eingeführt sind. Insgesamt gesehen hoffe ich allerdings, dass meine Darstellungen dennoch auch ohne Soziologie-Grundstudium verständlich sind und für Sie als Leserinnen und Leser alles andere als eine „Geheimsprache" darstellen.

Der Begriff „Organisationsanalyse"

Ein paar Bemerkungen daher noch zum Begriff „Organisationsanalyse". Was ist Organisationsanalyse eigentlich, und wozu dient sie? Aus der Darstellung von Organisationstheorien und der aktuellen Bedeutung von Organisationen lässt sich ohne Schwierigkeit folgern, dass Organisationsanalyse einem besseren Verständnis von Abläufen, Prozessen, Gegebenheiten und Ergebnissen in und um Organisationen dient.

Ein solches „Wozu" lässt sich leicht in eine Definition für das
„Was" umwandeln. Organisationsanalyse wäre dann etwas,
was für ein besseres Verständnis von Abläufen, Prozessen,
Gegebenheiten und Ergebnissen in und um Organisationen
sorgt. Naja, mit dieser „Billigdefinition" ist nicht besonders
viel gewonnen. Daher ein Blick in die entsprechende Fachli-
teratur: In welchem Sinne wird Organisationsanalyse in Fach-
publikationen der Organisationsforschung verstanden?

Zunächst einmal fällt auf, dass der Begriff nicht zum harten
Kern der relevanten Begriffe in der Fachsprache, wie etwa
„Organisationsmitglied" oder „informelle Struktur", gehört.
Vielmehr wird er häufig synonym mit dem Begriff der „Organisationsforschung" verwendet. Dies kommt z. B. an den
Ausführungen von MAYNTZ (1963) zum Ausdruck. Unter
dem „enzyklopädischen Stichwort ‚Organisationsanalyse'"
spricht sie vorrangig von der „soziologischen Behandlung
von Organisationen" (MAYNTZ 1963, S. 147). Gemeint ist
damit vor allem die Untersuchung von Organisationen „nach
den Funktionsbedingungen solcher Systeme und nach den
Voraussetzungen ihrer Zielverwirklichung". Dazu gehört neben der Betrachtung ganzer (Organisations-) Systeme ein
konzentrierter Blick auf das Verhalten menschlicher Individuen. Für die Organisationsanalyse stellt sich dementsprechend die „Frage nach der Zweckmäßigkeit menschlichen
Handelns in größeren, der planvollen Koordination bedürf-
tigen Gruppen" (ebd.).

Die Verbindung einer übergeordneten Organisationsebene
mit einer untergeordneten Ebene individuellen Handelns
stellt auch den Kern der Darstellung von BÜSCHGES und AB-
RAHAM (1997) dar. Sie verwenden den Begriff „Organisationsanalyse" im Zusammenhang mit der Erforschung von
Wirkungsmechanismen in und um Organisationen. Die Analyse von Organisationen entspricht hier der Erforschung und
„Erklärung kollektiver Phänomene" (BÜSCHGES & ABRAHAM
1997, S. 71). Strukturen und Ergebnisse in und um Organi-

sationen können aus ihrer Sicht nur dann verstanden oder erklärt werden, wenn das betreffende Verhalten relevanter Personen betrachtet wird. Diese sogenannte „individualistische" Sichtweise wird noch im folgenden 2. Kapitel eine wesentliche Rolle spielen.

Den Begriff „Organisationsanalyse" verwendet auch EN-DRUWEIT und meint damit offensichtlich Tätigkeiten, die das „Funktionieren einer Organisation" (1981, S. 51) offen legen. Für ihn geht es dabei um die Feststellung von Wirkungszusammenhängen zwischen verschiedenen Variablen. Er nennt sechs Variablenkategorien und setzt sie in Beziehung zueinander: Ziele, Instrumente und Bedingungen von Organisationen wirken auf Strukturen, Funktionen und Verhalten. Die Untersuchung der Wirkungszusammenhänge dieser Variablen untereinander gehört für Endruweit zum Kern einer „systematischen Organisationsanalyse" (1981, S. 50).

Ein eher betriebswirtschaftlich orientiertes Beispiel liefert AEBERHARD (1996). Er verwendet den Begriff der „strategischen Analyse" und positioniert sie neben der Strategie-Entwicklung im Rahmen der umfassenderen strategischen Planung. In seiner Darstellung liefert die strategische Analyse Informationen über die Ausgangslage eines Unternehmens, auf der die Strategie-Entwicklung ansetzt, um die weitere Marschrichtung angeben zu können (AEBERHARD 1996, S. 37). Diese Betonung der Notwendigkeit einer umfassenden Informations- und Datensammlung deutet eine inhaltliche Verwandtschaft von strategischer Analyse und Organisationsanalyse über Fachgrenzen hinweg an.

Inhaltlich bestehen darüber hinaus Überschneidungen mit Maßnahmen des *Qualitätsmanagements*. Qualitätsphilosophien, -verbesserungsmaßnahmen und -zertifizierungen haben in den vergangenen Jahren einen regelrechten Boom erlebt. Ein wesentlicher Bestandteil der Einführung von Qualitätsmanagementsystemen besteht in der Erfassung von Daten und der Bewertung von Vorgängen oder Ergebnissen. Insofern besteht auch wieder eine sehr starke Parallele zur Organisationsanalyse. Es verwundert daher nicht, dass KLAGES und SCHMIDT – um ein frühes Beispiel zu nennen – Verfahren der Organisationsanalyse vorlegen, die eine „Messung und Bewertung der Organisationsqualität" (1983, S. 3) ermöglichen sollen. Ähnlich wie AEBERHARD (1996) verbinden sie Organisationsanalyse und Organisationsentwicklung und sehen daher „Organisationsanalyse als Praxis organisatorischer Verbesserung" (KLAGES & SCHMIDT 1983, S. 9).

Eine ähnliche Intention wie die Erfassung von „Organisationsqualität" verfolgt DÄFLER (1999). Ähnlich wie KLAGES und SCHMIDT (1983, S. 120ff.) legt er eine Reihe von praktisch anwendbaren Fragebogen vor. In diesem Zusammenhang wird nicht von Organisationsanalyse gesprochen, sondern von der „Ermittlung der eigenen Unternehmensattraktivität" (DÄFLER 1999, S. 10). Seine Vorschläge zielen insbesondere auf die Berücksichtigung der Bedürfnisse von aus Sicht des Unternehmens relevanten Interessensgruppen wie Mitarbeitern, Kunden, Kapitalgebern, Öffentlichkeit usw. Auch hier stellt die Ermittlung von Daten einen wesentlichen Bestandteil einer solchen „interessensgruppenorientieren Unternehmensführung" (DÄFLER 1999, S. 12) dar.

Die Idee, Arbeits- und Fragebogen für die praktische Durchführung von Organisationsanalysen vorzulegen, ist allerdings bedeutend älter. Ein richtungweisendes Beispiel stammt aus den siebziger Jahren: Dabei verwendet WEISBORD in seinem 1984 auch auf Deutsch erschienenen Arbeitsbuch nicht den Begriff der Organisationsanalyse. Ihm geht es bei seiner „Organisationsdiagnose" um die schrittweise Erfassung von „Stärken und Schwächen der analysierten Organisation" (WEISBORD 1984, S. 3) in mehreren Lern- und Arbeitsstufen. Aus seiner Darstellung wird deutlich, dass hier Organisationsdiagnose offensichtlich als Synonym für Organisationsanalyse steht.

Diese Aufzählung ist beileibe nicht umfassend und vollständig. Sie soll lediglich Beispiele für die Verwendung des Begriffs der Organisationsanalyse und ähnlicher Aufgabenstellungen vermitteln. Manche dieser Arbeiten verfolgen vorrangig wissenschaftliche Fragestellungen, andere sind stärker praxisorientiert. Alle zeigen jedoch – mehr oder weniger explizit -, dass die Verbindung von theoretischer Fundierung und praktischer Verwendbarkeit absolut möglich ist und zu günstigen Ergebnissen führt. Diese Verbindung soll daher auch in den folgenden Abschnitten verfolgt werden. Organisationsanalyse soll dabei in einem relativ allgemeinen Sinn verstanden werden als Erfassung wesentlicher Einflüsse, Merkmale und Auswirkungen von Organisationen und deren Strukturen.

Organisationsanalyse ist die Erfassung von wesentlichen
Einflüssen,
Merkmalen,
Auswirkungen
von Organisationen und Organisationsstrukturen.

2 Organisationsanalyse im Modell

In den folgenden Abschnitten wird dargestellt, welche Betrachtungsebenen sich bei der Organisationsanalyse unterscheiden lassen. Dazu wird eine „individualistische" Sichtweise auf Organisationen vorgestellt und gezeigt, welche Analyseschritte damit möglich sind. Beispielfälle sollen das Verständnis erleichtern.

Während es in Kapitel 4 um die Analyse konkreter Details von Organisationen geht, steht in den folgenden Abschnitten eine umfassendere Betrachtung, ein gedanklicher Rahmen der Analysetätigkeit, im Vordergrund. Das vorgestellte Mikro-Makro-Schema erleichtert die Ordnung eigener Vorstellungen über Organisationen und die Suche nach Planungs- bzw. Durchführungsmängeln in einer konkreten Organisation. Dabei soll gezeigt werden, wie der Ablauf einer Organisationsanalyse aussieht, und wo Ansatzpunkte oder gar Notwendigkeiten einer Erhebung einschlägiger Daten bestehen. Um Hilfsmittel für eine Datenerhebung in den verschiedenen Bereichen einer Organisation geht es dann in Kapitel 3.

2.1 Eine individualistische Sichtweise auf Organisationen

Das in diesem Buch vertretene Denkmodell oder Paradigma orientiert sich am individualistischen Programm der Sozialwissenschaften[1]. Um Individuen, also einzelne Personen, geht es im engeren Sinne nicht – das wäre eher ein Thema der Dif-

---

1 In der Literatur werden häufig auch Bezeichnungen wie Methodologischer Individualismus oder Strukturell-Individualistisches Programm verwendet. Einführend siehe RAUB & VOSS (1981), COLEMAN (1991), WEEDE (1992), BÜSCHGES, ABRAHAM & FUNK (1996).

ferentiellen Psychologie oder der Individualpsychologie. Es
geht auch nicht vorrangig um konkrete, einzelne Menschen
wie etwa unsere Frau K. vom Reisebüro. Das individualistische Programm kümmert sich vielmehr um die Erforschung
kollektiver Phänomene, allerdings verlangt die Perspektive
des individualistischen Programms, dass dabei stets individuelles Verhalten berücksichtigt werden muss. Es geht hier
also um eine *Verbindung individueller Handlungen und sozialer Strukturen.* Organisationen können demnach nicht
lediglich aus der Perspektive ihrer Kollektivstrukturen betrachtet werden – wichtig ist, wie kollektive Strukturen und
individuelle Handlungen zusammenspielen.

Eine solche Perspektive beinhaltet zumindest zwei Feststellungen: Erstens üben soziale Strukturen Einfluss auf das individuelle Handeln von Menschen aus. Die überindividuelle
Ebene stellt also gewissermaßen die Rahmenbedingungen für
die Handlungsmöglichkeiten und -aussichten der betroffenen
Menschen. Zweitens beeinflusst individuelles Verhalten die
sozialen Strukturen. Die Gesamtheit individueller Handlungen von Menschen übt also einen Rückkopplungseffekt auf
die überindividuelle kollektive Ebene aus.

Die Notwendigkeit einer Verbindung zwischen individueller
und übergeordneter sozialer Ebene stellt den Kern des individualistischen Programms dar. Doch was ist mit der Unterscheidung von individueller und sozialer Ebene gemeint?

Mikroebene

Zunächst zur *individuellen Ebene:* Hierunter versteht man
die Analyseeinheit des Einzelmenschen. Auf der individuellen
Ebene geht es einerseits um Eigenschaften der handelnden
Menschen: ihre Wahrnehmungen, Handlungsmöglichkeiten,
Ergebnisbewertungen und Ziele. Andererseits geht es um ih-
re Entscheidungen und Handlungen. Beschäftigt man sich im

Rahmen des individualistischen Programms mit der individuellen Ebene geht es also um Fragen wie: Wie nehmen die beteiligten Menschen ihre Situation wahr? Was sind ihre Ziele, Hoffnungen und Befürchtungen? Welche Handlungsoptionen haben sie? Und als aktives Moment: Welche Entscheidungen treffen die Beteiligten? Was tun sie? Welche Handlungen führen sie aus?

Makroebene

Betrachtet die individuelle Ebene Eigenschaften und Tätigkeiten von einzelnen Menschen, so ist die soziale oder kollektive Ebene gewissermaßen „darüber" angesiedelt. Es geht nicht mehr um Einzelne, sondern um überindividuelle oder soziale Bedingungen und Strukturen. RAUB und VOSS (1981, S. 88) sprechen daher von kollektiven Effekten oder kollektiven Strukturen. Hier geht es um die sozialen Rahmenbedingungen und auch die sozialen Folgen individuellen Handelns. Beispiele sind soziale Normen, soziale Kontroll- und Anreizstrukturen, aber auch materielle Bedingungen, Wohlstand und wirtschaftliche Effizienz.

Um Über- und Unterordnung bei der Analyse zu verdeutlichen, werden die Ebenen auch als Mikro- und Makroebene bezeichnet und dementsprechend grafisch angeordnet (vgl. LINDENBERG & WIPPLER 1978, COLEMAN 1991, S. 6ff.). Insofern geht es auf der Mikroebene um Wahrnehmungen, Ziele und Handlungen von Individuen. Auf der Makroebene beschäftigt man sich mit sozialen Handlungsbedingungen und kollektiven Strukturen. Abbildung 1 zeigt grafisch die Unterscheidung zwischen den beiden Analyseebenen.

Kollektive Strukturen, Handlungsbedingungen usw.	*Makroebene*
Individuelle Wahrnehmungen, Ziele, Handlungen usw.	*Mikroebene*

Abb. 1: Mikro- und Makroebene des individualistischen Programms

Dass zwischen individuellem Handeln und sozialen Strukturen eine Wechselbeziehung herrscht, klingt einleuchtend und vielleicht sogar ein wenig banal – allerdings räumen mitnichten alle sozialwissenschaftlichen Denkansätze individuellem Verhalten eine so herausragende Stellung ein. Dafür gibt es auch nachvollziehbare Gründe, schließlich ist die Berücksichtigung individueller Effekte bei der Erforschung sozialer Phänomene reichlich komplex und oft ziemlich aufwändig. Individualistische Theorie- und Erklärungsansätze verwenden daher häufig stark vereinfachende Handlungsmodelle, um dieser Komplexität Herr zu werden – wofür sie wiederum von Kritikern aus der nicht-individualistischen Forscherfraktion entsprechend gescholten werden.

Da beim individualistischen Programm die Erklärung kollektiver Phänomene durch die Methode des Rückgriffs auf individuelles Verhalten geschieht, wird das Forschungsprogramm auch als „Methodologischer Individualismus" bezeichnet. Der große Vorteil dieses Methodologischen Individualismus besteht darin, dass er bei der Betrachtung sozialer bzw. kollektiver Ergebnisse oder Strukturen stets den Blick auf das Verhalten der betreffenden Individuen lenkt. Die dahinterstehende Grundüberzeugung lautet: Letztendlich sind es nie soziale Strukturen, die aktiv tätig werden – handeln können nur Menschen aus Fleisch und Blut. Und wenn nur Menschen handeln können, dann ist es für das Verständnis sozialer Ergebnisse wichtig, wie und warum bestimmte Menschen in bestimmten Situationen auf eine bestimmte Art und Weise handeln.

2.2 Analyseschritte einer individualistischen Perspektive

Diese Grundüberzeugung führt bei der Analyse kollektiver Strukturen zu nachvollziehbaren Zusammenhängen. Soziale oder kollektive Fragestellungen können nicht allein durch andere kollektive Phänomene erklärt werden. Vielmehr muss untersucht werden, wie soziale Strukturen auf individuelles Verhalten wirkten, und wie das Zusammenspiel des Verhaltens mehrerer Menschen schließlich zur fraglichen kollektiven Beobachtung führte.

Bezogen auf die grafische Darstellung von Abbildung 1 lassen sich daraus drei Analyse- oder Erklärungsschritte ableiten: Zunächst ist zu fragen, welche Wirkungen die Makroebene auf die Mikroebene ausübt (Schritt 1). Danach geht es auf der Mikroebene um menschliches Handeln in der betrachteten Situation (Schritt 2). Und schließlich stellt sich die Frage, zu welchem Makroergebnis das Handeln der Beteiligten führt (Schritt 3). Diese drei Analyseschritte lassen sich wie in Abbildung 2 darstellen[2].

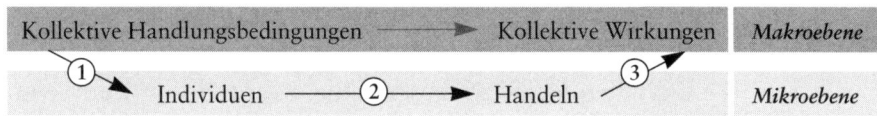

Abb. 2: Analyseschritte im Mikro-Makro-Modell des individualistischen Programms

Schritt 1: Rahmenbedingungen der Umwelt

Worum geht es in den einzelnen Analyseschritten im Mikro-Makro-Modell? Zunächst zu Schritt 1. Dieser Schritt beleuchtet die Auswirkung der Makroebene auf die Mikroebene. Es sind also Fragen der folgenden Art zu klären: Welche Rahmenbedingungen setzt die kollektive bzw. materielle Umwelt? Welche Beschränkungen, Chancen und Risiken bieten sich dadurch? Welche Handlungsmöglichkeiten und -einschränkungen nehmen die Individuen wahr? Was sind unter diesen Bedingungen die Ziele der beteiligten Menschen?

---

2 Für verwandte Modelle vgl. RAUB & VOSS (1981, S. 90), ESSER (1993, S. 246) und in gewisser Hinsicht auch BOUDON (1980, S. 126).

Für die Durchführung von Schritt 1 ist es nötig, Ideen[3] darüber zu haben, wie die Makroebene die Mikroebene beeinflusst – anders ausgedrückt: wie Menschen von ihrer Umwelt
und bestimmten Situationsgegebenheiten beeinflusst werden.
Wichtig ist also eine zutreffende „Rekonstruktion der sozialen Situation" (ESSER 1993, S. 94) und ihrer Auswirkungen
auf den Einzelnen.

Zur Vermeidung von Missverständnissen: Eine solche Betrachtungsweise muss keineswegs die Auffassung beinhalten,
dass menschliches Verhalten *ausschließlich* situations- oder
umweltabhängig ist. Wie bei Schritt 2 zu sehen sein wird, sind
individuelle Ideen und menschliche Kreativität absolut ver-
einbar mit diesem Modell. Und bei Schritt 3 wird ganz wesentlich darauf hingewiesen, dass es auch zu Rückkopp-
lungseffekten menschlichen Handelns zurück auf die Situati-
ons- bzw. Umweltebene kommt.

Festzuhalten bleibt an dieser Stelle: Schritt 1 der Analyse im
Mikro-Makro-Modell fragt nach Auswirkungen der sozialen
Situation bzw. Makroebene auf das Individuum bzw. die
Mikroebene. In Abbildung 2 führt Schritt 1 daher von der
Makroebene „hinunter" auf die Mikroebene.

Schritt 2: Handlungen und Entscheidungen der Beteiligten

Der zweite Analyseschritt verweilt auf der Mikroebene. Hier
stellen sich die Fragen: Welche Entscheidungen treffen die Beteiligten? Wie handeln sie? Bei Schritt 2 geht es folglich um
die Auswahl konkreter Handlungen aus der Gesamtmenge
prinzipiell möglicher Verhaltensweisen. Je nach Situation
kann die Antwort auf diese Fragen komplex oder weniger
komplex ausfallen. In manchen Situationen werden alle Beteiligten ein und die selbe Handlung ausführen – in anderen

---

3 In der Literatur werden diese „Ideen" auch als „Brückenhypothesen" bezeichnet
   (vgl. ESSER 1993, S. 94 u. 120).

Fällen hingegen ist zwischen verschiedenen Handlungen einzelner Individuen zu unterscheiden.

Eine Analyse von Schritt 2 auf der Mikroebene sieht also keineswegs strikt konformes und übereinstimmendes Handeln aller Individuen vor – auch wenn dies für die Darstellung wesentlich einfacher wäre. Ein Ergebnis kann auch lauten: die eine Hälfte der Beteiligten wählt Handlung A, die andere wählt Handlung B. Gut wäre es dann noch, wenn man angeben kann, wann ein Individuum zur einen und wann zur anderen Hälfte gehört.

Zur Durchführung von Schritt 2 benötigt man *Handlungstheorien*, die Anhaltspunkte dafür liefern, wie sich die Beteiligten unter bestimmten Bedingungen verhalten. Derartige Handlungstheorien stehen oft im Zusammenhang mit grundsätzlichen Menschenbildern. Über die Grenzen sozialwissenschaftlicher Fachdisziplinen hinaus bekannt ist die Unterscheidung zwischen dem rational am Nutzen orientierten Homo oeconomicus und dem an vorgegebenen Normen orientierten Homo sociologicus (vgl. ESSER 1993, S. 231).

Zieht man diese Menschenmodelle für die Rekonstruktion von Schritt 2 im Mikro-Makro-Schema heran, werden sich meist unterschiedliche Konsequenzen ergeben. Betrachtet man eine Person als Homo sociologicus, so wird man davon ausgehen, dass sie Handlungen ausführt, die den vorgegebenen Normen und Rollenerwartungen der (durch die Makroebene bestimmten) Situation entsprechen. Dies kann in manchen Situationen zutreffend sein, in vielen anderen Fällen aber ist eine strikte Anwendung dieses Menschenmodells ziemlich unrealistisch.

Der Homo oeconomicus hingegen wählt Handlungen aus, die ihm in der jeweiligen Situation den größten individuellen Nutzen bringen. Diese Betrachtungsweise kann für zahlreiche Handlungssituationen fruchtbare Erklärungen bieten. Die in der Ökonomie oft vorherrschende strikte Anwendung im Sin-

ne eines objektiven, vollständig informierten Nutzenmaxi-
mierers entspricht allerdings selten der menschlichen Wirklichkeit.

Je näher gewählte Handlungsregeln oder -hypothesen an die
Realität menschlichen Handelns herankommen, desto eher
wird es gelingen, Schritt 2 im Mikro-Makro-Modell nach-
vollziehen zu können. Eine strikte Anwendung von Menschenbildern wie dem Homo sociologicus und dem Homo
oeconomicus wird dies oft nicht leisten können. Sinnvoll sind
daher Kombinationen der Menschenbilder oder Erweiterun-
gen um zusätzliche wichtige Eigenschaften. Ein Beispiel hier-
für liefert LINDENBERG (1985), der den Homo sociologicus
mit dem Homo oeconomicus gewissermaßen „kreuzt" und
mit einer zusätzlichen Mutation, der Findigkeit bzw. Kreativität, ausstattet (freilich trägt die Neuschöpfung keine so ein-
gängige Bezeichnung mehr wie seine Vorgänger; aus den An-
fangsbuchstaben wichtiger Eigenschaften bildet LINDENBERG
ihren Namen: RREEMM-Modell).

Für den praktischen Gebrauch des Mikro-Makro-Modells
sind die wissenschaftlichen Feinheiten grundlegender Men-
schen- oder Akteursmodelle von geringer Bedeutung. Festzuhalten ist allerdings, dass die Vorstellung über Eigenschaften
und Handlungscharakteristika der betroffenen Personen in
der konkreten Handlungssituation möglichst zutreffend sein
sollte. Aus Gründen der Übersichtlichkeit und Nutzbarkeit
des Modells wird man dann immer noch Vereinfachungen
vornehmen müssen. Sie sollten aber nicht an entscheidenden
Stellen das Bild real handelnder Menschen verfälschen.

Schritt 3: Kollektive Folgen des Handelns

Schritt 3 im Mikro-Makro-Modell führt von der Mikroebene wieder zurück auf die Makroebene. Ging es in Schritt 2
um Entscheidungen und Handlungen eines Individuums, so
wird nun der Blick auf die sozialen oder kollektiven Hand-

lungsfolgen gerichtet. Am einfachsten erscheint diese Aufgabe, wenn es sich wirklich nur um einen einzigen Akteur handelt. In zahlreichen Situationen unseres Alltagslebens handeln allerdings mehrere Personen. Die Mikro-Makro-Verbindung muss in solchen Fällen die Summe oder das Zusammenspiel von Handlungen darstellen. Für ESSER (1993, S. 96f.) ist daher eine „Logik der Aggregation" nötig. Die einzelnen Handlungen werden so aggregiert zu einem kollektiven Ergebnis.

Schritt 3 ist bisweilen weniger einfach, als es zunächst erscheinen mag. Die simpelste Methode, von der Mikro- auf die Makroebene zu gelangen, ist die Summierung von Handlungen. Ein vereinfachtes Beispiel: Anfang der siebziger Jahre war die Herstellung leistungsfähiger Rechner für Computer noch so teuer, dass sich nur finanzstarke Organisationen diesen Luxus leisten konnten. Durch technologische Innovationen konnte der Herstellungspreis für komfortable Arbeitsspeicher in Computern in den Folgejahrzehnten so drastisch gesenkt werden, dass Personalcomputer für Privatpersonen kein Luxusprodukt mehr sein müssen. Betrachtet man die zunehmende Verteilung von Personalcomputern in der Bevölkerung über diesen Zeitraum hinweg, so wird als Aggregationsregel eine einfache Summierung ausreichen: Man zählt lediglich die einzelnen Kaufentscheidungen von Konsumenten und Konsumentinnen zusammen und kommt so z. B. zu wesentlich höheren Zahlen im Jahr 1999 als im Jahr 1984.

In vielen Fällen reicht es für die Beantwortung einer Fragestellung aber nicht aus, lediglich Einzelentscheidungen zu summieren. ESSER (1993, S. 97) weist darauf hin, dass „manche Aggregationen nur vor dem Hintergrund bestimmter institutioneller Regeln möglich sind". Als Beispiel nennt er die Sitzverteilung in Parlamenten. Sie hängt nicht nur von der Summe der Wahlentscheidungen der Wählerinnen und Wähler – also der Handlungen auf der Mikroebene – ab, sondern auch vom geltenden Wahlrecht – der „institutionellen Regel". Ähnliches gilt z. B. für den Abstimmungsmodus man-

. cher Gremien, für Diffusionsprozesse und für die Bestimmung von Marktgleichgewichten in der Ökonomie.

Für praktische Zwecke kann allerdings als Faustregel für die Transformation von der Mikro- auf die Makroebene festgehalten werden: Es muss ermittelt werden, zu welchem Ergebnis die Handlungen bzw. das Zusammenspiel der Handlungen aller beteiligten und relevanten Personen führen. Dieses Ergebnis ist wiederum auf der Makroebene angesiedelt. Es geht also um kollektive oder soziale Folgen – z. B. das Funktionieren einer betrieblichen Abteilung, die Effizienz eines neuen Produktionsverfahrens oder die Kundenzufriedenheit eines Versandhauses. Da es sich bei diesen kollektiven Folgen um aggregierte Resultate von Entscheidungen handelt, können sie häufig in Form von Verteilungen, Häufigkeiten, Varianzen oder Durchschnittswerten dargestellt werden (vgl. RAUB & VOSS 1981, S. 90). Gerade im Hinblick auf die Verwendung von Daten, die mittels einer Organisationsanalyse gewonnen werden, sind diese Darstellungsformen von praktischem Wert.

Für die individualistische Perspektive lassen sich also drei Analyse- oder Rekonstruktionsschritte festhalten. Sie sind in Abbildung 3 nochmals in vereinfachten Fragen für den Praxisgebrauch zusammengefasst: Schritt 1 fragt danach, welche Rahmenbedingungen und Handlungsmöglichkeiten die soziale oder materielle Umwelt für den Einzelnen setzt. In Schritt 2 geht es um die Handlungen des Einzelnen in der entsprechenden Situation. Schritt 3 kehrt auf die Makroebene zurück mit der Frage, welches kollektive Resultat sich aus den Handlungen der beteiligten Individuen ergibt.

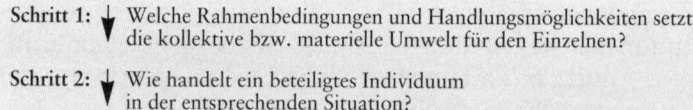

Schritt 1: ↓ Welche Rahmenbedingungen und Handlungsmöglichkeiten setzt die kollektive bzw. materielle Umwelt für den Einzelnen?

Schritt 2: ↓ Wie handelt ein beteiligtes Individuum in der entsprechenden Situation?

Schritt 3: ↓ Welches kollektive Resultat ergibt sich aus den Handlungen aller Beteiligten?

Abb. 3: *Fragestellungen des individualistischen Programms*

2.3 Das Mikro-Makro-Modell im Einsatz – ein erstes Beispiel

Das Mikro-Makro-Modell mit seinen drei Analyseschritten spiegelt also die grundsätzliche Arbeits- und Vorgehensweise des individualistischen Programms wieder. Wie die einzelnen Analyseschritte aussehen können, wurde anhand einzelner Beispiele schon angedeutet. Doch wie sieht eine vollständige Analyse oder Rekonstruktion eines Sachverhalts anhand der drei Schritte aus? Ein Beispiel soll dies nochmals verdeutlichen.

Wir haben oben bereits Frau K., die Leiterin eines Reisebüros, kennengelernt. Schon seit Jahren fährt sie an Wochenenden regelmäßig zu Bekannten oder in Erholungsgebiete des Umlands. Meist nutzt sie dazu Nahverkehrszüge der Bahn. Dabei ist ihr aufgefallen, dass die Züge im Vergleich zu früheren Zeiten deutlich mehr ausgelastet sind. Sie fragt sich, warum dies so ist.

Es geht also um die Klärung einer Beobachtung auf der Makroebene: die größere Auslastung von Nahverkehrszügen – oder anders ausgedrückt: die größere Anzahl von Fahrgästen im Vergleich zu früher. Gefragt ist nun eine Erklärung für dieses kollektive bzw. soziale Phänomen.

Ein Gespräch mit einem Bahnbeamten bestätigt ihre Vermutung: Das preiswerte Wochenendticket sei der Grund. Das Ticket erlaubt zu einem preisgünstigen Festpreis unbegrenzte Fahrten, gilt bundesweit in allen Zügen des Nahverkehrs und ermöglicht die Mitnahme mehrerer Personen. Der Bahnbeamte versichert daher, die Einführung dieses Wochenendtickets sei für die Zunahme an Fahrgästen an Samstagen und Sonntagen verantwortlich.

Dieser Zusammenhang lässt sich wie in Abbildung 4 darstellen: Das Angebot des Wochenendtickets führt zu einer Zunahme an Fahrgästen in Nahverkehrszügen, was sich in einer größeren Auslastung der Wochenendzüge äußert.

Abb. 4: *Ein Erklärungszusammenhang im Beispiel*

Damit wäre also ein Zusammenhang gefunden, und man könnte sich mit dieser Erklärung zufrieden geben. Eine individualistische Betrachtungsweise könnte sich damit allerdings nicht abfinden. Sie würde die Frage aufwerfen, welche Rolle in diesem Zusammenhang die sozialen Akteure – hier also die Fahrgäste – spielen. Sowohl die Einführung des neuen Fahrkartentyps Wochenendticket als auch die größere Auslastung von Zügen sind Phänomene der Makroebene.

Bei der Einführung des Wochenendtickets mag es zwar vielleicht so gewesen sein, dass irgendwann eine Einzelperson bei der Deutschen Bahn diese Idee hatte. Oder es mag so gewesen sein, dass irgendwann eine Einzelperson in der Führungsetage wesentlichen Einfluss darauf hatte, ob dieses neue Angebot wirklich auf dem Markt und nicht im Mülleimer landete. Letztlich angeboten wurde es aber von einer Organisation, der Deutschen Bahn, die damit neue Handlungsbedingungen – vor allem für gegenwärtige und potenzielle Kunden – schuf.

Abbildung 4 liefert damit also lediglich den Zusammenhang zwischen einer kollektiven bzw. sozialen Ausgangssituation und einem kollektiven bzw. sozialen Ergebnis. Man bleibt damit ausschließlich auf der Makroebene. Es stellt sich daher die Frage nach den Verbindungen zur Mikroebene, zum individuellen Verhalten. Es geht also darum, die Schritte 1, 2 und 3 zu rekonstruieren.

Abbildung 3 fasste die Fragestellungen der einzelnen Arbeitsschritte zusammen. In *Schritt 1* geht es dabei um die Frage: Welche Rahmenbedingungen und Handlungsmöglichkeiten setzt die soziale bzw. materielle Umwelt für die beteiligten Menschen? In unserem Beispiel bringt die Organisation Deutsche Bahn ein neues Tarifangebot auf den Markt, das Bahnreisen auf Regionalstrecken, vor allem für Gruppenfahrten, wesentlich preisgünstiger macht.

Durch eine begleitende Werbekampagne wird zudem versucht, dieses Angebot den Menschen der Zielgruppe – allen potenziellen Wochenendreisenden – auch zu vermitteln, ins Bewusstsein zu rufen. Gelingt dies in ausreichendem Maße, so kann Schritt 1 zusammengefasst werden: Die Bahn bietet durch einen neuen Tarif einen verstärkten Anreiz zum Bahnfahren am Wochenende. Und: Potenzielle Bahn-Kunden nehmen diese neue Handlungsbedingung wahr, werden auf das Angebot aufmerksam.

In *Schritt 2* geht es nun um das Verhalten Einzelner auf der Mikroebene: Wie handelt ein Betroffener in der entsprechenden Situation? Betroffen ist von der Tarifänderung eine ganze Reihe verschiedener Akteure: Von Schalterbeamten über die Tarifauskunft und die Zugbegleiter bis hin zu den Angestellten der Werbeagenturen, die im Rahmen der Öffentlichkeitsarbeit einen Auftrag erhielten, oder vielleicht die Tankstellenpächter, die wegen des Umsteigens auf das öffentliche Verkehrsmittel etwas weniger Wochenendumsatz machen als früher.

Die Liste ließe sich noch verlängern. Veränderungen auf der Makroebene können je nach Dimension eine Unmenge an Betroffenen beeinflussen. In unserem Beispiel geht es aber um eine spezielle Fragestellung und daher nicht um alle diese betroffenen Menschen. Uns interessiert eher das Verhalten potenzieller Bahn-Kunden. Wenn wir davon ausgehen, dass die

meisten Menschen dieser Gruppe lieber weniger als viel Geld
für Bahnfahrten bezahlen[4], dann können wir folgern, dass die
Einzelnen unter der neuen Tarifbedingung am Wochenende
häufiger die Bahn nutzen als früher. Ein potenzieller Bahnkunde wird also häufiger zu einem tatsächlichen Bahnkunden
als früher.

Schritt 3 im Mikro-Makro-Modell beleuchtet nun die Rückkehr von der Mikroebene handelnder Menschen zurück auf
die Makroebene sozialer Phänomene. Die zusammenfassen-
de Fragestellung in Abbildung 3 lautete: Welches kollektive
Resultat ergibt sich aus den Handlungen der Gesamtheit be-
teiligter Menschen?

Auch hier sind wieder – je nach Problem- oder Fragestellung
– mehrere Dinge zu beobachten. Es wird z. B. am Fahrkar-
tenschalter oder auch in der Bahnhofshalle mehr los sein als
früher, dafür sind Landstraßen und Autobahnen vielleicht etwas entlastet – doch dies interessiert uns hier wenig. Unsere
konkrete Fragestellung bezog sich auf die Anzahl an Personen in einzelnen Nahverkehrszügen an Wochenenden.

Unsere Folgerung in Schritt 2 lautete, dass sich ein potenzieller Bahnkunde nun eher oder häufiger für eine Zugfahrt entscheiden wird als früher. Wenn wir davon ausgehen, dass diese Feststellung richtig ist, dann hat dies auf der Makroebene
zur Folge, dass die Anzahl an Fahrgästen in Wochenendzü-
gen zunimmt. Die Transformation von der Mikro- auf die
Makroebene erfolgt also durch eine einfache Summierung.
Das Endresultat ist somit die beobachtete größere Auslastung

---

4 Wir setzen hier also einen Kosten-Nutzen-Vergleich an. Diese Vorgehensweise
   bietet sich für die Betrachtung von Schritt 2 im Mikro-Makro-Modell an, da sie
   relativ klare Aussagen über die Auswahl einer Handlung aus der Vielzahl poten-
   ziell möglicher Verhaltensweisen schafft. Wichtige Handlungstheorien sind in diesem Zusammenhang daher an Kosten-Nutzen-Vergleichen orientiert – Beispiele
   sind die Nutzentheorie, die Spieltheorie und die Wert-Erwartungs-Theorie (vgl.
   auch ESSER 1993, S. 94ff. und BÜSCHGES, ABRAHAM & FUNK 1995, S. 121).

der Nahverkehrszüge am Wochenende. Wir erhalten also Er-
klärungszusammenhänge im Mikro-Makro-Modell wie in
Abbildung 5.

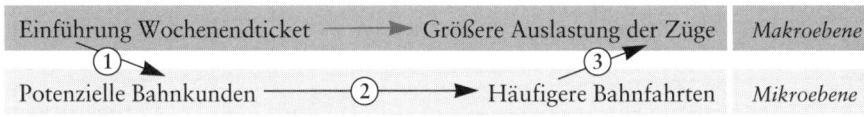

Abb. 5: Das Analysebeispiel im Mikro-Makro-Modell

Das Beispiel verdeutlicht inhaltlich, welchen Effekt Entscheidungen innerhalb einer Organisation auf das Handeln außenstehender Personen haben können. Diese Thematik wird in
späteren Kapiteln noch eingehend beleuchtet. Wichtig ist an
dieser Stelle, wie ein Analyse- oder Rekonstruktionsversuch
innerhalb des Mikro-Makro-Modells aussehen kann. In unserem Beispielfall sind wir von einem beobachteten kollektiven Ergebnis ausgegangen und haben versucht, die zu diesem
Resultat führenden Schritte zu rekonstruieren.

Die Anwendung des Mikro-Makro-Modells kann auch von
der anderen Seite her funktionieren: Man geht von bestimmten kollektiven Handlungsbedingungen aus und fragt, welche
kollektiven Resultate daraus folgen werden. Ein solcher Ablauf wäre dann gewissermaßen keine Rekonstruktion wie im
obigen Beispielfall, sondern der Versuch einer Vorhersage sozialer Handlungen und Handlungsfolgen. Dies ist im Allgemeinen bedeutend schwieriger, doch der Versuch kann oft
lohnend sein. Gerade bei der Gestaltung sozialer Strukturen
wird oft von den Verantwortlichen zu wenig Augenmerk darauf gelegt, welche Handlungsbedingungen und Anreize die
Maßnahmen setzen – dies gilt im Besonderen für Veränderungen von und in Organisationen. Ungünstige und ungewollte kollektive Effekte sind dann bisweilen ein Anlass, doch
nochmals über die Maßnahmen nachzudenken und Änderungen ins Auge zu fassen – wenn das Kind nicht schon in den
Brunnen gefallen ist.

Zur Klarstellung: Es ist freilich unrealistisch, anzunehmen, dass bei Anwendung des Mikro-Makro-Modells mit seinen drei Analyseschritten alle Folgen vorhersagbar sind und unliebsame Überraschungen vermieden werden. Die Vorhersage kollektiver Folgen gehört in den Sozialwissenschaften zu den schwierigsten Aufgaben und größten Herausforderungen. Auch eine Begrenzung der Aufgabenstellung auf bestimmte Merkmale, Teilbereiche oder Außenkontakte einer bestimmten Organisation macht einen Vorhersageversuch in der Praxis nie zu einer lockeren Routineübung. Wer allerdings darüber nachdenkt, welche ungewollten Handlungsbedingungen eine konkrete Maßnahme setzt, kann Fehlentwicklungen eher entdecken und prophylaktische Korrekturen anbringen.

2.4   Vier Regeln der individualistischen Perspektive

Das Wochenendticket-Beispiel verdeutlicht den Ablauf einer Analyse mit dem Mikro-Makro-Modell. Es macht allerdings auch deutlich, dass die Anwendung gewisser Regeln oder Voraussetzungen bei der Analyse sozialer Strukturen aus einer individualistischen Perspektive sinnvoll sein kann. In der Literatur werden diese Voraussetzungen in der Form von Arbeitshypothesen oder „heuristischen Regeln" diskutiert (vgl. RAUB & VOSS 1981, S. 22ff., BÜSCHGES, ABRAHAM & FUNK 1995, S. 84ff.).

Diese Regeln beziehen sich auf Feststellungen oder Zusammenhänge, die man bei der Anwendung einer individualistischen Perspektive beachten sollte. Es sind vier Regeln: die einheitliche Anwendung eines Menschenbilds, die wechselseitige Abhängigkeit der Handelnden, die Möglichkeit unbeabsichtigter Folgen zielgerichteten Handelns und die Bedeutung von Institutionen als Handlungsrahmen.

Die einheitliche Anwendung eines Menschenbilds

Im Rahmen des Mikro-Makro-Modells werden Annahmen über Wahrnehmungen, Entscheidungen und Verhalten von Menschen verwendet. So gingen wir im Wochenendticket-Beispiel von einer bestimmten Wahrnehmungsfähigkeit der beteiligten Personen aus. Ohne ein bestimmtes Maß an Reklame werden potenzielle Bahnkunden von der Einführung des Wochenendangebots nichts erfahren. Aber sie werden auf ein solch neues Angebot aufmerksam, wenn dafür entsprechend Werbung gemacht wird.

Außerdem gingen wir davon aus, dass die Handelnden in gewisser Hinsicht ökonomisch denken: sie bevorzugen preisgünstige Fahrkarten gegenüber teureren. Und darüber hinaus nahmen wir eine Form rationalen Handelns an: Wenn die Bahnkunden preisgünstigere Fahrkarten bevorzugen, werden sie diese auch eher kaufen als die teureren. Es wären ja auch andere Entscheidungsregeln denkbar – etwa, gegen die eigenen Wünsche zu handeln, sich bei Entscheidungen nur auf das Verhalten der Mehrheit zu verlassen oder den Zufall entscheiden zu lassen.

In unserer Analyse steckt also eine ganze Menge an Annahmen über die handelnden Menschen, also ein bestimmtes Menschenbild. Eine erste Regel für Analysen im Rahmen einer individualistischen Perspektive bezieht sich genau auf diese Annahmen und Vorstellungen: Sie besagt, dass man solche Annahmen und Bilder über die handelnden Menschen nicht beliebig je nach Erklärungsproblem und Thema über den Haufen werfen und umkrempeln sollte.

Hat man also zur Erklärung eines bestimmten Phänomens ein bestimmtes Menschenbild verwendet, so sollte man bei Abweichungen von diesem Phänomen nicht zuerst an eine Änderung des Menschenbilds gehen, sondern dieses beibehalten und zunächst nach Veränderungen in der Anreiz- bzw. Handlungsstruktur suchen.

In unserem Wochenendticket-Beispiel wollten wir erklären, warum an Wochenenden nun häufiger die Bahn genutzt wird als früher. Die Anwendung der ersten Regel besagt nun, dass man vorrangig nach Änderungen der Rahmenbedingungen suchen sollte – und wir fanden diese in der Einführung des Billigtickets. Bei Nichtbeachtung der ersten Regel hätten wir ja durchaus einfach annehmen können, dass sich die Menschen in den vergangenen Jahren grundlegend geändert haben. Die größere Zugauslastung läge dann nicht an irgendwelchen neuen Rahmenbedingungen, sondern an „neuen" Menschen, die nun plötzlich viel mehr Freude am Bahnfahren empfinden oder für die der Fahrpreis kein Thema darstellt. Mit der Anwendung eines neuen Menschenbilds hätten wir das kollektive Ergebnis ebenfalls erklären können.

Der große Vorteil derartiger Umkrempelungen des Menschenbilds ist, dass sie bei entsprechender Anwendung immer zum gewünschten Erklärungsergebnis führen. Darin steckt aber auch die Crux einer solchen Vorgehensweise: sie ist meist nichts sagend. Die Gefahr bei einer solchen willkürlichen Änderung ist nämlich einerseits, dass sie an der Realität vorbeigeht, da sich erfahrungsgemäß Menschen in ihrem Denken nicht ständig grundlegend verändern. Und andererseits versperrt sie den Blick auf Veränderungen des sozialen Kontextes, der Rahmenbedingungen, unter denen menschliches Verhalten abläuft.

Regel 1: Untersuchen Sie bei der Analyse organisationaler Phänomene zuerst die (veränderten) Rahmenbedingungen, statt vorschnell Ihr Menschenbild zu korrigieren.

Aus diesem Grund empfiehlt die erste Regel der individualistischen Perspektive die einheitliche Anwendung eines Men-

schenbilds anstelle seiner willkürlichen Veränderung je nach
Beobachtung. RAUB und VOSS (1981, S. 23) sprechen in diesem Zusammenhang von der „Annahme einer konstanten
menschlichen Natur". Es ist für unsere Zwecke hier gar nicht
nötig, philosophische oder anthropologische Diskussionen
über die „Natur des Menschen" anzustellen (vgl. auch ESSER
1993, S. 219ff.). Wichtig ist für Mikro-Makro-Analysen lediglich, dass wir unsere Auffassung vom Menschen nicht
ständig verändern und uns so den Blick auf die Rahmenbedingungen verstellen.

Die Annahme eines stabilen Menschenbilds oder einer konstanten menschlichen Natur bedeutet im Übrigen nicht, dass
wir davon ausgehen müssen, alle Menschen seien gleich. Sie
bezieht sich nicht auf die „Gleichheit von Individuen hinsichtlich bestimmter individueller Merkmale, sondern darauf,
dass für die Akteure gleiche Verhaltensregelmäßigkeiten angenommen werden" (RAUB & VOSS 1981, S. 23). Die Annahme stellt auch kein Tabu dafür da, gegebenenfalls für eine Analyse doch völlig veränderte Sichtweisen des Menschen
anzunehmen – wenn diese Annahme realistisch ist. Die erste
Regel empfiehlt lediglich, zuerst nach Veränderungen der
Rahmenbedingungen zu suchen, anstatt es sich mit der Annahme völlig umgekrempelter Menschen etwas zu einfach zu
machen.

Die wechselseitige Abhängigkeit der Handelnden

Eine zweite Regel für die Anwendung einer individualistischen Perspektive bezieht sich auf die Beziehungen der Beteiligten untereinander. Die Regel besagt, dass die Handelnden
in der Regel in wechselseitiger Abhängigkeit zueinander stehen. Dies betrifft Handlungserwartungen, -entscheidungen
und -konsequenzen.

In Bezug auf die *Handlungserwartungen* ist damit zu rechnen, dass die Beteiligten in ihre Überlegungen einbeziehen, wie andere Individuen handeln könnten. Mit dem Wochenendticket machen oft ganze Ausflugs- oder Wandergruppen Touren in die Umgebung. Die Handlungserwartungen eines Gruppenmitglieds, wenn es morgens zum Bahnhof geht, werden sich stark danach richten, was es von den anderen Mitgliedern und vom Zusammensein mit ihnen erwartet: zumindest Anwesenheit und Pünktlichkeit, aber darüber hinaus vielleicht gute Laune, Spaß, gute Unterhaltung, interessante Erlebnisse usw. Diese Erwartungen an die Handlung „Bahnfahrt" hängen stark damit zusammen, welche Erfahrungen, Gedanken und Erwartungen über die beteiligten Gruppenmitglieder vorherrschen.

Dementsprechend werden auch *Handlungsentscheidungen* gefällt. Für die Mitglieder einer solchen Gruppe hängt die Entscheidung dafür, ein Ticket zu kaufen, nicht nur vom günstigen Preis ab, sondern auch davon, welche Erwartungen an das Zusammensein in der Gruppe vorherrschen. Sind wichtige Gruppenmitglieder terminlich verhindert, so wird der Ausflug evtl. verschoben und das Wochenendangebot noch nicht wahrgenommen.

Schließlich hängen auch die *Handlungskonsequenzen* meist sehr stark von anderen Beteiligten ab. Wenn Menschen in sozialen Beziehungen stehen, können sie fast nie die Konsequenzen und Resultate ihrer Handlungen ausschließlich allein bestimmen. Durch Beziehungen und Kontakte werden Handlungskonsequenzen meist von anderen Personen – direkt oder indirekt – mit beeinflusst. Ob der Bahnausflug letztlich zu einem angenehmen Erlebnis für ein Gruppenmitglied wurde, liegt auch daran, wie sich andere Gruppenmitglieder während der gemeinsamen Tour verhalten haben.

Regel 2: Achten Sie bei der Analyse auf die wechselseitige Abhängigkeit der Handelnden.

Die wechselseitige Abhängigkeit der Beteiligten betrifft also das, was von Handlungen erwartet wird, wie man sich entscheidet und welche Konsequenzen aus den Entscheidungen folgen. Die zweite Regel lenkt den Blick darauf, solche Abhängigkeiten bei menschlichen Handlungen zu beachten und in der Analyse zu berücksichtigen. Auch hier sei die Bemerkung angefügt, dass diese Regel nicht zu einer verkrampften Suche nach wechselseitigen Abhängigkeit verpflichtet. Theoretisch und praktisch gibt es immer auch Situationen, in denen ein Mensch unabhängig von anderen handelt. In unserer modernen Gesellschaft ist der Anteil solcher Handlungen aber fast schon ein wenig rar. Schon die Freude am morgendlichen Zeitungslesen hängt wesentlich davon ab, was in der Welt passierte, wie die Bundesligaclubs spielten, was die Journalisten produzierten, und ob vor dem Fenster auf der Straße ein Arbeiter mit einem Presslufthammer zugange ist.

Der Vorteil eines intensiven Blicks auf die wechselseitige Abhängigkeit der Beteiligten liegt darin, dass kollektive Phänomene oft besser erklärbar sind, als wenn isolierte Einzelpersonen betrachtet werden. In unserem Beispiel ist es ja durchaus möglich, dass die Auslastung der Züge wieder rückläufig wird, da den Wochenendreisenden die z. T. überfüllten Züge unangenehm sind. In diesem Fall kommt bei der Kaufentscheidung für das Wochenendticket zum Preisargument noch ein ganz deutlich „soziales" Argument hinzu. Die Abhängigkeit oder auch „soziale Interdependenz" der Akteure gehört damit nicht nur zu den Alltagserfahrungen, sondern ist auch für die Mikro-Makro-Analyse von großer Bedeutung.

Unbeabsichtigte Folgen zielgerichteten Handelns

Ein wichtiger Zusammenhang im Mikro-Makro-Modell betrifft die Verbindung von individuellem Handeln und kollektiven Handlungsfolgen. Theorien menschlichen Verhaltens – insbesondere, wenn sie zielgerichtetes, nutzenorientiertes oder rationales Handeln annehmen – vermitteln auf den ersten Blick manchmal den Eindruck, dass Menschen nur das tun, was ihnen günstige Ergebnisse bringt, und dass sie erstrebenswerte Ergebnisse auch immer erreichen. Das muss natürlich nicht so sein. Versuche können danebengehen, und nicht jeder Anlauf ist erfolgreich – das wissen nicht nur Chemiker und Weitspringer.

Einerseits liegt dies daran, dass wir aufgrund schwer kalkulierbarer oder auch zufälliger Einflüsse nicht alle Bedingungen abschätzen können, die für ein gewünschtes Handlungsergebnis relevant sind. Es besteht also eine mehr oder weniger große *Unsicherheit über Handlungsfolgen*. Die Entscheidung, bei unklaren Wetteraussichten für eine Wanderung den sperrigen Regenschirm mitzunehmen oder nicht, gehört in diese Kategorie. Eine unbeabsichtigte Folge kann entweder sein, dass Sie einem doch einsetzenden Regen ungeschützt ausgeliefert sind, oder Sie müssen bei bestem Wetter mit Schirm herumlaufen und vergessen diesen zu guter letzt auch noch im Gasthaus im Schirmständer.

Eine weitere Quelle solcher unbeabsichtigten Folgen sprudelt aus der wechselseitigen Abhängigkeit der Handelnden. Dadurch, dass mehrere Personen handeln, kann es geschehen, dass ein völlig gegenteiliges Ergebnis dessen herauskommt, was die Beteiligten eigentlich erreichen wollten. Der Stau im täglichen Berufsverkehr ist ein klassisches Beispiel dafür. Wer im Stau steht, benutzt meist deshalb sein Fahrzeug, um schnell und bequem ein Ziel zu erreichen. Dadurch, dass aber reichlich viele Menschen so kalkulieren, kommt es zu einem Ergebnis, das für alle Beteiligten unangenehm ist. Zielgerichtes Handeln hat also zu ungewollten Effekten geführt.

Regel 3: Berücksichtigen Sie mögliche ungewollte Effekte zielgerichteten Handelns.

Dies ist besonders dann ein Problem, wenn die ungewollten Effekte mit Nachteilen verbunden sind – für die Beteiligten selbst oder auch für Externe (was dann in der Ökonomie so genannte „negative Externalitäten" wären). Hier sind wir bei einer wichtigen Problemstellung der Sozial- und Wirtschaftswissenschaften (vgl. RAUB & VOSS 1981, S. 30, BOUDON 1979). Insbesondere für einen Sozialforscher oder Praktiker mit individualistischer Perspektive stellt sich dann die Herausforderung, effiziente Lösungen anzubieten, um solche negativen ungewollten Effekte zu vermeiden.

Betreffen nachteilige ungewollte Effekte das Funktionieren einer Organisation, so stellt sich die Frage, wo angesetzt werden kann, um zu günstigeren Resultaten zu gelangen. Wer für die Gestaltung von Organisationsstrukturen verantwortlich ist, wird sich vor dem Hintergrund des Mikro-Makro-Modells Gedanken darüber machen, welche Verhaltensweisen aus der Veränderung von Rahmen- und Handlungsbedingungen folgen könnten, und was dann die alternativen kollektiven Ergebnisse sind.

Ungewollte Effekte müssen allerdings nicht automatisch negativer Art sein. Schon ADAM SMITHS Bild von der „unsichtbaren Hand", die einen Markt ordnet, gerade weil alle Marktteilnehmer eigeninteressiert handeln, ist ein Hinweis auf die Möglichkeit vorteilhafter Effekte (vgl. auch RAUB & VOSS 1981, S. 28). Für die Analyse im Rahmen des Mikro-Makro-Modells kommt den negativen ungewollten Ergebnissen allerdings eine größere Bedeutung zu, da sie gestalterischen Handlungsbedarf nahe legen. Die dritte Regel bei der Anwendung individualistischer Analysen lenkt also den Blick darauf, dass aus zielgerichtetem Handeln auch ungewollte Effekte folgen können, und fragt danach, wo in einer untersuchten Konstellation solche Effekte auftreten.

Institutionen als Handlungsrahmen

Die vierte Regel besagt, dass es wichtig ist, Institutionen als „relevante Randbedingungen in die Erklärung sozialer Phänomene mit einzubeziehen" (BÜSCHGES, ABRAHAM & FUNK 1995, S. 93). Institutionen werden in der Alltagssprache oft mit Organisationen gleichgesetzt. In den Sozialwissenschaften geht die Bedeutung darüber hinaus und betrifft zahlreiche Einrichtungen mit stabilen Verhaltensmustern, Normen- und Rollenerwartungen. Familie, Geld und Recht zählen daher auch zu den Institutionen.

Für die praktischen Fragestellungen im Rahmen dieses Buchs sind an dieser Stelle vor allem die Institutionen Organisation und Recht von Bedeutung. Wenn sie als Rahmenbedingung wichtig sind, können wir bei Mikro-Makro-Analysen fragen: Welche Handlungsmöglichkeiten und -anreize setzt geltendes Recht? Welche Organisationen haben Einfluss auf das Verhalten der Individuen?

Regel 4: Beachten Sie die Bedeutung von Institutionen (v. a. geltendes Recht, andere Organisationen) als Handlungsrahmen.

Im Rahmen betrieblicher Organisationsanalysen werden wir beim Einfluss außenstehender Organisationen evtl. nach Großkunden, betrieblichen Kooperationspartnern, Lieferanten, Behörden und Konkurrenten fragen. Geltendes Recht behindert z. B. Preisabsprachen mit der Konkurrenz, eine völlig freie Gestaltung des Leistungsangebots[5] oder auch jede beliebige Festsetzung von Preisen.

Im Zusammenhang mit der Bedeutung von Recht ist im Übrigen auch zu berücksichtigen, inwiefern rechtliche Normen überhaupt verhaltenswirksam sind. Wenn die Einhaltung

---

5 Man denke nur an Marktschranken wie den Meisterbrief.

rechtlicher Vorgaben nicht überwacht bzw. sanktioniert wird, so ist es ziemlich naheliegend, dass die Beteiligten bei der Verfolgung ihrer Ziele weniger Rücksicht auf Rechtsnormen nehmen. Mafiaorganisationen sind ein Beispiel für die illegale Ausnutzung solcher Freiräume. Die interne Struktur der Mafia ist allerdings auch umgekehrt ein Beispiel dafür, wie nichtrechtliche Normen außerordentlich handlungsrelevant für die Mitglieder einer (hier illegalen) Organisation sein können (vgl. auch GAMBETTA 1994).

Institutionen wie geltendes Recht, Behörden oder auch andere Organisationen stellen einen Handlungsrahmen für die betreffenden Akteure in und außerhalb von Organisationen dar. Die vierte Regel lenkt den Blick darauf, die Auswirkungen dieser Institutionen auf das Verhalten zu berücksichtigen. Bei Beachtung des Mikro-Makro-Modells gilt aber auch die umgekehrte Argumentation: Institutionen sind auch das Ergebnis sozialen Handelns und werden von diesem beeinflusst und u. U. verändert. Eine Organisation z. B. wird wesentlich davon beeinflusst, wie sich ihre Mitglieder verhalten – und dies gilt je nach Einfluss für Geschäftsführer ebenso wie für Außendienstmitarbeiter und Verwaltungskräfte. Die vierte Regel fragt also auch: Wie wird eine Organisation durch individuelles Handeln gefördert, gebremst, gestaltet oder verändert?

Die vier Regeln zur Analyse kollektiver Phänomene sind keine ehernen Gesetze für die starre Durchführung von Untersuchungen. Vielmehr sind es Empfehlungen, die bei der Analyse kollektiver Gegebenheiten berücksichtigt werden sollten. Oft werden bei Beachtung dieser Regeln fruchtbare Analyseresultate folgen.

2.5   Das Mikro-Makro-Modell und die Analyse von Organisationen

Das Mikro-Makro-Modell wurde zwar nicht ausschließlich für die Analyse von Organisationen entwickelt, sondern für die Rekonstruktion und Erklärung sozialer oder kollektiver Phänomene aller Art. Doch da Organisationen kollektive Phänomene par excellence sind, findet das Modell gerade im Bereich der Organisationsforschung ein breites Anwendungsgebiet.

In den vorangegangenen Kapiteln spielten dementsprechend Organisationen als Beispiele immer wieder eine wichtige Rolle. Um das Mikro-Makro-Modell auf Organisationen anwenden zu können, sind daher keine Modifikationen oder besonderen Kniffe nötig. In ihrem Abschnitt „Ebenen und Elementen von Organisationsanalysen" stellen Büschges und Abraham (1996, S. 70ff.) dementsprechend als theoretisch-praktischen Kern das Mikro-Makro-Modell mit seinen drei Analyseschritten vor.

Soll das Modell auf Organisationen angewendet werden, so werden diese im Regelfall als Rahmen- oder Ausgangsbedingung (also vor Schritt 1) oder als kollektives Ergebnis (also nach Schritt 3) gesetzt. Im ersten Fall geht es dann um die *Wirkung von Organisationen auf das Handeln bestimmter Individuen*. Im zweiten Fall interessiert die *Beeinflussung einer Organisation durch das Handeln von Menschen*. Gerade im Bereich der Organisationsanalyse kann es darüber hinaus sinnvoll sein, beide Fragestellungen zu verknüpfen. Resultat können dann Themen sein wie:

– Wie wirken die Ablaufstrukturen einer industriellen Produktionsabteilung auf die Tätigkeiten der angestellten Personen?

– Wie wirken diese Tätigkeiten auf das Produktionsergebnis der Abteilung und damit auf deren Ertrag und Erfolg zurück?

Bei der Wirkung von Organisationen als Rahmen- oder Ausgangsbedingung ist auf die Adressaten dieser Wirkung zu achten: Zu klären ist, ob es bei der Analyse um eine Wirkung von Organisationen nach innen oder außen gehen soll – d. h. ob auf der Mikroebene das Handeln von Organisationsmitgliedern oder Außenstehenden interessiert. Beide Personengruppen können ja bekanntlich einen erheblichen Einfluss auf die Stellung, den Erfolg und im gar nicht so unbedeutenden Extremfall auch auf das Überleben einer Organisation ausüben. Mit Blick auf diese Gruppen sind bei der Gestaltung von Organisationsstrukturen (quasi als Ausgangsbedingung neuer Handlungen) aber meist recht unterschiedliche Maßnahmen einzuleiten.

Die Binnenwirkung von Organisationen

Die Binnenwirkung von Organisationsstrukturen ist ein geradezu klassisches Thema der Organisationsforschung. Die betrachteten Organisationsmitglieder sind dann meist Mitarbeiterinnen und Mitarbeiter. Schlagworte der Forschung und Analyse sind hier „Führung", „Motivation", „Arbeitszufriedenheit", „Anreize" usw. Thema ist hier die Wirkung vorgegebener Organisationsstrukturen auf das Verhalten der Mitglieder.

Das Problem aus Organisationssicht besteht hier darin, dass sie das Verhalten der Mitglieder durch die Mitgliedschaft allein nie direkt beeinflussen kann. Zwar erkennen Mitarbeiterinnen und Mitarbeiter z. B. durch ihre Unterschrift unter einen Arbeitsvertrag dem Arbeitgeber offiziell Verfügungsrechte über Tätigkeiten und Arbeitsergebnisse zu. Doch die letztendliche Kontrollinstanz über Engagement, Anstrengung und Ziel ihrer Handlungen verbleibt bei den Mitarbeiterinnen und Mitarbeitern. Der Arbeitgeber kann Handlungen und Handlungsergebnisse grundsätzlich nur indirekt beeinflussen. Aus einer Führungsperspektive besteht nun das Hauptinteresse darin, die Mitglieder so zu motivieren, dass sie im Sinne bzw. im Interesse der Organisationsziele handeln. Eine Analyse im Rahmen des Mikro-Makro-Modells legt für dieses Ziel nahe, die Organisationsstrukturen so zu gestalten, dass das Mitgliederhandeln im günstigen Sinne beeinflusst wird.

Grafisch lassen sich die Zusammenhänge der Binnenwirkung von Organisationen wie in Abbildung 6 darstellen. Organisationsstrukturen stellen wesentliche Rahmen- oder Ausgangsbedingungen für die betroffenen Menschen. Beispiele solcher Strukturen sind Anreizsysteme, formale Gliederungen, Weisungs- und Ablaufvorgaben, aber auch die Gestaltung von Arbeitsplätzen und Arbeitszeiten. Organisationsstrukturen dieser Art wirken auf die Entscheidungen und Handlungen der Organisationsmitglieder, z. B. der Arbeitskräfte, ein.

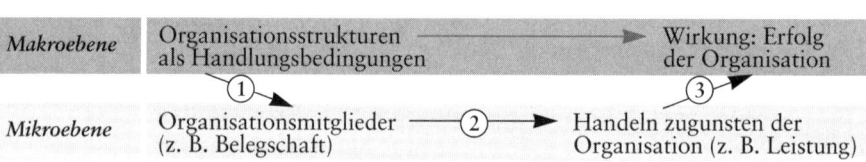

Abb. 6: Binnenwirkung von Organisationen

Sind die Strukturen günstig gestaltet, so können sie einen Beitrag dazu liefern, dass die Organisationsmitglieder im Sinne oder zugunsten der Organisation handeln, z. B. indem sie Leistung zeigen und qualifizierte Ergebnisse liefern. Diese Handlungsergebnisse führen in Form einer effizienten und erfolgreichen Organisation wiederum auf die Makroebene zurück.

Handeln „zugunsten" der Organisation muss in diesem Zusammenhang nicht heißen, dass die Mitglieder im extremen
Sinne opferbereit eigene Bedürfnisse hinten anstellen und sich
quasi selbstlos für die Organisation aufreiben. Die Anwei-
sung einer vorteilhaften Gestaltung von Organisationsstrukturen als Makrobedingung beinhaltet eine andere Qualität:
Sie legt die dringende Empfehlung nahe, Strukturen so zu gestalten, dass Mitglieder- und Organisationsinteressen trotz aller Gegensätze in wichtigen Bereichen möglichst deckungsgleich werden.

Die Erkenntnis, dass es für eine Organisation vorteilhaft ist,
ganz gezielt die *gemeinsamen Interessen von Führung und
Mitgliedern* zu stärken, klingt recht modern. Aufgeschlosse-
ne Praktiker gerade in der Pionierzeit der deutschen Wirt-
schaft haben solche Gedanken allerdings schon früh ent-
wickelt und verfolgt. Der Physiker und Unternehmer ERNST
ABBE beispielsweise sah es Ende des 19. Jahrhunderts als
Richtschnur für die Führung seines Unternehmens an, dem
„Interessengegensatz beider Teile ein wirksames Gegenge-
wicht zu bieten in der planmäßigen Pflege der gemeinsamen
Interessen" (vgl. SCHOMERUS 1955, S. 188, vgl. auch ABRA-
HAM & PROSCH 1991)[6].

Gelingt eine solche Annäherung von Mitglieder- und Organisationsinteressen, so können Bedingungen geschaffen werden, die ohne aufwändige, das wechselseitige Misstrauen för-
dernde Überwachungs- und Zwangsmaßnahmen zu beider-
seits günstigen Ergebnissen führen. Die Schaffung vertrau-
ensvoller und kooperativer Beziehungen durch die Gestaltung
von Handlungsstrukturen gehört daher zu den wichtigsten
Arbeitsfeldern der individualistischen Perspektive in den Sozialwissenschaften (vgl. BÜSCHGES, ABRAHAM & FUNK 1995,
S. 128ff., WEEDE 1992, S, 23ff.). Dies gilt ganz besonders für

---

6 Ergebnis war die vollständige Übertragung des Unternehmens in die Hände einer
   juristischen Person: die Gründung der Carl-Zeiss-Stiftung.

Anwendungen auf Organisationen (vgl. z. B. RAUB & WEE-
SIE 1993, ABRAHAM 1996, PROSCH 1999).

Die Außenwirkung von Organisationen

Ein zweiter Analysegegenstand ist neben der Binnenwirkung
die Außenwirkung von Organisationsstrukturen. Hier geht es
darum, welche Effekte eine Organisation, ihre Strukturen,
Angebote und Tätigkeiten, nach außen ausübt. Mit „außen"
ist in diesem Zusammenhang die gesamte Umwelt einer Organisation gemeint – von Einzelpersonen und Gruppierungen
bis hin zu anderen Organisationen und staatlichen Stellen.

In den meisten Fällen sind in Organisationen einzelne Fachkräfte, ganze Gruppen oder gar Abteilungen mit Aufgaben
der Außenwirkung beschäftigt. Zielgruppen für diese Tätigkeiten sind z. B. potenzielle Neumitglieder, Kunden, Lieferanten, Konkurrenten, Verbände, staatliche Stellen oder auch
die Presse. Aus der Verschiedenartigkeit dieser Zielgruppen
wird deutlich, dass jeweils unterschiedliche Strukturen und
Maßnahmen nötig sind, um diese Adressaten im erwünschten Umfang zu erreichen.

Ein Beispiel zeigt Abbildung 7: Hier geht es um eine spezielle, sehr wichtige Art von Außenwirkung für eine Organisation, die Kunden. Auf der Mikroebene sind daher die Kunden
und ihr Handeln verzeichnet. Potenzielle Kunden treffen tag-
aus, tagein ständig Entscheidungen und führen Handlungen
durch. Für die vorliegende Fragestellung interessieren natürlich nur diejenigen Entscheidungen und Handlungen, die aus
Organisationssicht relevant sind. In unserem Beispiel soll es
darum gehen, ob die potenziellen Kunden zugunsten der Organisation handeln, z. B. indem sie Produkte oder Leistungen
der Organisation kaufen, oder nicht, z. B. indem sie Produkte oder Leistungen der Konkurrenz erwerben.

Eine Anwendung des Mikro-Makro-Modells auf diese Problematik könnte wie in Abbildung 7 aussehen. Die Organisation setzt mit ihren Strukturen und Angeboten Handlungsbedingungen für außenstehende Personen, in diesem Fall: für tatsächliche oder potenzielle Kunden. Diese Handlungsbedingungen können die Form von Serviceleistungen, Kaufbedingungen, Qualität, Preisen, Werbestrategie, oder auch Außendarstellung der Organisation annehmen. Sie wirken als Rahmenbedingungen für die Kunden und deren Handlungsentscheidungen.

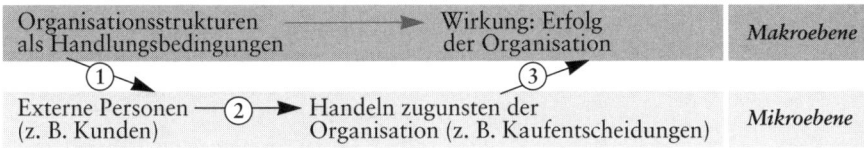

Abb. 7: Außenwirkung von Organisationen

Sind besagte Bedingungen günstig, d. h. aus Kundensicht attraktiv gestaltet, so folgt im besten Fall ein Handeln zugunsten der Organisation – etwa in Form von Kaufentscheidungen und Auftragserteilungen. Aufgrund der Verschiedenartigkeit der Wahrnehmungen, der Interessen, der Bedürfnisse oder auch der finanziellen Möglichkeiten der Kunden muss dies freilich nicht für alle betrachteten externen Personen gelten. Wichtig ist lediglich, dass die Analyse z. B. erbringt, dass für eine relevante Anzahl von Kunden besagter Handlungszusammenhang gilt und es so zu einer Vermehrung von Kaufentscheidungen kommt. Folge auf der Makroebene ist schließlich aufgrund von Kaufentscheidungen der Kunden der geschäftliche Erfolg der Organisation.

2.6   Mikro-Makro-Analyse von Organisationen – ein Beispielfall

Ein weiteres Beispiel soll die Möglichkeiten und Vorteile einer Organisationsanalyse vor dem Hintergrund des Mikro-Makro-Modells illustrieren. Insbesondere sollen an diesem Beispiel zweierlei Möglichkeiten deutlich werden.

1. Das Mikro-Makro-Modell trägt dazu bei, Zielvorgaben und deren Argumente zu veranschaulichen. Es „zwingt" dazu, zentrale Annahmen über die Wirkung von Rahmenbedingungen und über Handlungen der beteiligten Personen auszusprechen - und so einer Überprüfung oder Diskussion zugänglich zu machen.

2. Das Mikro-Makro-Modell hilft, die eigenen Überlegungen mit den tatsächlichen Gegebenheiten der Realität zu vergleichen. Das besonders Ärgerliche an der Realität ist ja, dass sie von den Folgerungen eigener Überlegungen bisweilen abweicht. Da sich die tatsächlichen Gesetzmäßigkeiten des (Organisations-) Lebens aber nicht ohne weiteres an die eigenen Vorstellungen anpassen lassen, ist es oft nötig, im eigenen Denkmodell nach Fehlern und Unstimmigkeiten zu suchen. Mit Hilfe des Mikro-Makro-Modells können die Überlegungen Schritt für Schritt überprüft und evtl. modifiziert werden.

Beispiel Dienstleistungsunternehmen

Unser neues Beispiel betrifft organisatorische Veränderungen in einem Dienstleistungsunternehmen. Die Veränderungen wurden von der Unternehmensleitung eingeführt mit der Intention, ein besseres Firmenergebnis in Form von Umsatz und Reingewinn zu erreichen. Eine erste Überprüfung der finanziellen Ertragslage nach 12 Monaten Laufzeit erbringt allerdings keinerlei Verbesserungen. Zur Klärung der Gründe wird eine *Projektgruppe* eingesetzt. Diese entschließt sich für eine Analyse in fünf Stufen. Sie werden nachfolgend als Stationen 1 bis 5 vorgestellt.

Station 1: Klärung von Erwartungen – Der Soll-Zustand

In einem ersten Analyseschritt wird geklärt, welche Erwartungen in Bezug auf die Wirkungszusammenhänge der organisatorischen Veränderung angestellt wurden. Die Unternehmensleitung hatte sich für die Einführung und Zertifizierung eines Qualitätssicherungssystems entschieden. Erwartungen bestanden in Bezug auf zwei Personengruppen. Einerseits ging die Firmenleitung davon aus, dass das Qualitätssicherungssystem die Tätigkeit der Arbeitskräfte effektiver machen und so zu mehr Motivation und Leistung beitragen würde. Andererseits wurde erwartet, dass die neue Qualitätsorientierung des Unternehmens mehr Kunden anziehen und so zu einem größeren Auftragsvolumen führen würde.

Zunächst zur Rekonstruktion der erwarteten *Binnenwirkung* der organisatorischen Veränderung: Das Qualitätssicherungssystem stellt die neue Bedingung auf der Makroebene dar. Sie soll auf die Handlungen der Mitarbeiterinnen und Mitarbeiter positiv einwirken. Vor allem soll sie Abläufe vereinfachen, Verantwortlichkeiten klarer regeln, Inputs und Outputs transparenter machen und den Informationsfluss anregen. Letzliches Ziel ist es, damit die betrieblichen Tätigkeiten effektiver zu gestalten sowie zu Eigenverantwortlichkeit anzuregen, um so auch auf die Motivation und Leistungsfähigkeit der Arbeitskräfte zu wirken. Aus den verbesserten Handlungsmöglichkeiten und Motivationen soll dann eine effektivere Leistung der Einzelpersonen folgen, die

schließlich zu einem besseren Firmenergebnis beiträgt. Abbildung 8 veranschaulicht nochmals die erwartete Binnenwirkung des neuen Qualitätssicherungssystems.

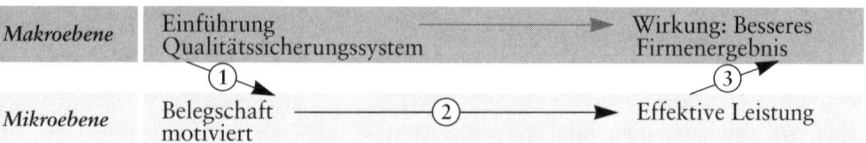

Abb. 8: Erwartete Binnenwirkung im Beispielfall

Die erwartete Binnenwirkung ist allerdings stark verknüpft
mit klaren Erwartungen an die *Außenwirkung* der organisatorischen Maßnahme. Neben der Verbesserung innerbetrieb-
licher Abläufe geht es dem Management bei der Einführung
des zertifizierten Qualitätssicherungssystems um ein deutliches Signal nach außen. Potenziellen Kunden soll glaubwürdig vermittelt werden, dass das Dienstleistungsunternehmen
für Zuverlässigkeit und Qualität steht. Qualitätsorientierung
und Zertifizierung sollen also dazu beitragen, dass potenzielle Kunden dem Leistungsangebot des Unternehmens vertrau-
en und vermehrt Aufträge erteilen. Gelingt dies in ausreichendem Maße, müsste es einen Effekt zurück auf die Makroebene in Form eines besseren Firmenergebnisses geben.
Diese Zusammenhänge sind in Abbildung 9 nochmals zusammengefasst.

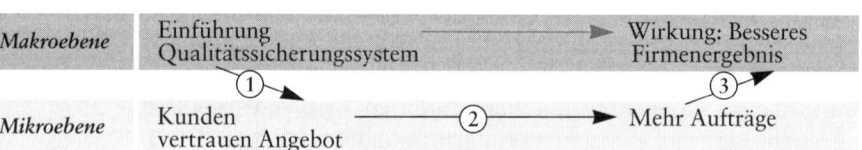

Abb. 9: Erwartete Außenwirkung im Beispielfall

Bis zu diesem Zeitpunkt ist nicht mehr geschehen als eine
Klärung der Erwartungen seitens der Firmenleitung. Diese Er-
wartungen drücken sich aus in den jeweils drei Schritten des
Mikro-Makro-Modells. Es ist damit geklärt, welche Wir-

kungen von der Einführung des Qualitätssystems nach außen und innen erwartet wurden. Nun ist es möglich, zu prüfen, ob die einzelnen erwarteten Schritte auch tatsächlich so abgelaufen sind.

Station 2: Ermittlung relevanter Daten – Der Ist-Zustand

Zunächst wieder zur erwarteten Binnenwirkung: Nun geht es darum, die einzelnen erwarteten Schritte in Abbildung 8 zu überprüfen und sie mit den tatsächlichen Gegebenheiten zu vergleichen. In einfacheren Fällen kann es ausreichen, lediglich eine Plausibilitätsprüfung der Zusammenhänge durchzuführen, um Denkfehler zu identifizieren. In hartnäckigeren Fällen – und die treten häufiger auf als erhofft – ist es allerdings nötig, entsprechende Daten zu ermitteln oder zu sammeln. Dazu sind dann Kenntnisse der Datenerhebung und evtl. die Verwendung von Fragebogen und Erfassungsblättern vorteilhaft, die in späteren Abschnitten dieses Buchs zum Gegenstand werden.

Wir überprüfen nun die einzelnen Schritte der Binnenwirkung in Abbildung 8. Wir beginnen mit den Schritten 3 und 2. Praktische (und vielleicht auch wissenschaftlich abgesicherte) Erfahrungen sprechen dafür, dass diese erwarteten Zusammenhänge eher zutreffen[7]: Wenn die betrieblichen Hand-

---

7 In einer streng wissenschaftlichen Analyse müssten auch solche Plausibilitätsprüfungen oder „Erfahrungsurteile" genau auf ihren Wahrheitsgehalt hin überprüft werden. Es müsste also z. B. überprüft werden, ob Menschen (allgemein oder speziell im betreffenden Betrieb) wirklich nach der erwarteten Entscheidungslogik handeln. Allerdings geschieht dies aus naheliegenden Gründen des organisatorischen und finanziellen Aufwands auch in wissenschaftlichen Studien äußerst selten. Für organisationspraktische Fragestellungen gelten diese Gründe besonders stark. Den Aufwand einer Datenerhebung wird man eher für die Klärung fragwürdigerer Zusammenhänge reservieren. Festzuhalten bleibt dennoch: Auch scheinbar plausible Zusammenhänge oder liebgewonnene Erklärungsmuster können manchmal – wenn auch nur situationsbedingt – ziemlich falsch sein. Stellt man diese nie in Frage, ist es im Rahmen einer Organisationsanalyse äußerst schwierig, den Fehler in der eigenen Erwartungs- oder Argumentationskette zu finden.

lungsmöglichkeiten wirklich verbessert und die Motivation von Arbeitskräften wirklich gesteigert wird, sollte tatsächlich eine effektivere Leistung der Einzelpersonen folgen, die schließlich zu einem besseren Firmenergebnis beiträgt.

Fraglich bleibt also Schritt 1 in Abbildung 8. Hier war angenommen worden, dass durch die organisatorische Veränderung bessere Handlungsbedingungen und mehr Motivation für die Beschäftigten geschaffen werden. Das Argument war: Das Qualitätssicherungssystem vereinfacht und effektiviert die betrieblichen Abläufe und regt zu mehr Eigenverantwortlichkeit an – dadurch sollten Motivation und Leistungsfähigkeit der Mitarbeiterinnen und Mitarbeiter gesteigert werden.

Die Frage ist nun, ob diese Wirkung der organisatorischen Veränderung tatsächlich zustande gekommen ist. Zu klären ist diese Frage durch reines Nachdenken oder Plausibilitätsprüfungen nicht mehr. An dieser Stelle muss die Ermittlung von entsprechenden Daten einsetzen. Die Arbeitsgruppe entschließt sich, die fraglichen Personen direkt zu Wort kommen zu lassen: Es kommt zu einer *Mitarbeiterbefragung,* die die Erfahrungen mit dem neuen Qualitätsmanagement zum Gegenstand hat[8].

Das aus Sicht der Unternehmensführung etwas überraschende Ergebnis der Befragung lautet: Die geplanten positiven innerbetrieblichen Wirkungen des Qualitätsmanagementsystems wurden überlagert von massiven Befürchtungen und Vorbehalten der Belegschaft. Die Beschäftigten werteten nämlich die Einführung des Qualitätssicherungssystems als Versuch, mehr Kontrolle über Tätigkeiten und Arbeitsergeb-

---

8 Sehr wichtig ist dabei, *wie* diese Befragung durchgeführt wird. Dies gilt insbesondere für heikle Themen, die bei den Befragten Befürchtungen und strategische Erwägungen auslösen. Andernfalls kann es leicht geschehen, dass die Befragungsergebnisse nicht im geringsten die wahren Einstellungen, sondern erwünschte und wenig konfrontative Äußerungen, wiedergeben. Von Datenerhebungen allgemein wird daher in Kapitel 3 noch zu sprechen sein.

nisse der Belegschaft zu erlangen. Verbunden mit dem befürchteten Verwaltungsmehraufwand durch die neue Dokumentationspflicht resultierte daraus eine eher ablehnende Haltung gegenüber dem Qualitätsmanagement. Folge war eine eher schleppende Beteiligung mit geringem Engagement. Die Erwartungen der Unternehmensleitung über den Effekt der organisatorischen Veränderung stellten sich damit als unzutreffend heraus.

Anschießend wird die erwartete Außenwirkung der organisatorischen Maßnahme beleuchtet. Potenziellen Kunden sollte durch das zertifizierte Qualitätssicherungssystem glaubwürdig vermittelt werden, dass das Dienstleistungsunternehmen für Zuverlässigkeit und Qualität steht. Wie in Abbildung 9 dargestellt, sollte daraus ein Zuwachs an Aufträgen erfolgen. Doch weder bei Anfragen noch bei Auftragserteilungen konnte eine nennenswerte Resonanz festgestellt werden.

Bei ihrer Analyse der Erwartungen geht die Arbeitsgruppe wieder davon aus, dass die Schritte 2 und 3 im Mikro-Makro-Modell (siehe Abbildung 9) eher keine Fehlerquellen aufweisen: Wenn die Kunden mehr Vertrauen in das Leistungsangebot des Unternehmens haben, dürfte es tatsächlich häufiger zu Auftragserteilungen und damit zu einem besseren Firmenergebnis kommen. Dieser Zusammenhang muss natürlich nicht grundsätzlich immer gelten. Bei einer schlechten Konjunkturlage oder einem gesättigten Markt hätte auch ein gesteigertes Kundenvertrauen nicht den erwünschten Effekt. Aufgrund vorliegender Marktdaten können derartige Einflüsse allerdings ausgeschlossen werden.

Die Analyse richtet sich daher verstärkt auf Schritt 1. Die Erwartung lautete: Qualitätsorientierung und Zertifizierung tragen dazu bei, dass potenzielle Kunden dem Leistungsangebot des Unternehmens mehr Vertrauen schenken. Da dieser Zusammenhang nicht ohne weiteres zu überprüfen ist, entscheidet sich die Arbeitsgruppe für eine Kundenbefragung.

Die Ergebnisse der Befragung werfen tatsächlich ein neues Licht auf den Effekt der organisatorischen Veränderung: Die erwünschten positiven Außenwirkungen der neuen Qualitätsorientierung kamen nicht zum Tragen, da die Kunden kaum davon erfahren hatten. Es zeigten sich offensichtliche PR-Defizite: nur wenige Kunden wussten, dass ein neues Qualitätsmanagement eingeführt worden war. Die erwünschte Schaffung zusätzlichen Kundenvertrauens war demnach an Defiziten des Informationsflusses gescheitert. Die Erwartungen über den Effekt der organisatorischen Veränderung stellten sich also auch in Bezug auf die Außenwirkung als unzutreffend heraus.

Station 3: Gegenüberstellung – Der Soll-Ist-Vergleich

Die Überprüfung der erwarteten Zusammenhänge und die Erhebung relevanter Daten ermöglicht einen Vergleich von Soll- und Ist-Zustand der Veränderungseffekte . Im Falle der Binnenwirkung hatte die Arbeitsgruppe ermittelt, dass die erhofften positiven Wirkungen der organisatorischen Veränderungen nicht zum Tragen kommen. Grund: Die Belegschaft befürchtet eine Zunahme des Verwaltungsaufwands und der Überwachungsmöglichkeiten durch die Unternehmensleitung und steht den Qualitätssicherungsmaßnahmen deshalb misstrauisch und zögerlich gegenüber.

Folglich steht der erwarteten Binnenwirkung wie in Abbildung 8 eine tatsächliche Binnenwirkung wie in Abbildung 10 gegenüber: Die Qualitätsverbesserungen schaffen nicht Arbeitserleichterung und Motivation, sondern Misstrauen und Unzufriedenheit. Folgen sind ein schwaches Engagement und eine schleppende Beteiligung der Belegschaft. Am betrieblichen Ergebnis lassen sich daher keine Verbesserungen feststellen.

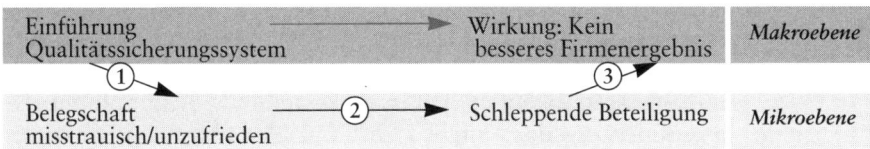

Abb. 10: Tatsächliche Binnenwirkung im Beispielfall

Ähnlich fielen die Ergebnisse zur Außenwirkung der neuen Qualitätsorientierung aus: Anstelle eines gesteigerten Kundenvertrauens und -interesses wurden potenzielle Auftraggeber kaum erreicht. PR-Defizite behinderten einen nötigen Informationsfluss, so dass nur vereinzelte Kunden von der Neuerung wirklich erfahren hatten. Zusätzliche Aufträge und ein besseres Firmenergebnis blieben daher aus. Anstelle der erwarteten Außenwirkung wie in Abbildung 9 ergaben sich Zusammenhänge und Effekte wie in Abbildung 11.

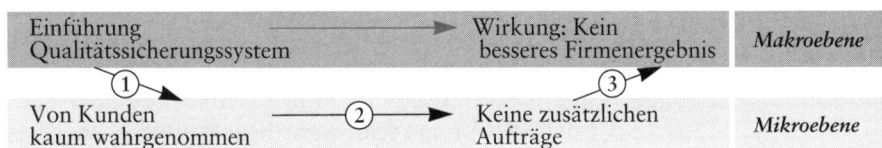

Abb. 11: Tatsächliche Außenwirkung im Beispielfall

Station 4: Veränderung – Der gezielte Eingriff

Aus einer wissenschaftlichen Perspektive ist die Analysetätigkeit an dieser Stelle – am Ende von Station 3 – weitgehend abgeschlossen: Die ursprünglichen Erwartungen und der tatsächlich erreichte Zustand wurden in Form einer Soll-Ist-Gegenüberstellung verglichen. Datenerhebungen in Form von Befragungen halfen dabei. Am Ende konnten die Defizite der organisatorischen Veränderung ermittelt werden.

Aus organisationspraktischer Perspektive ist an dieser Stelle allerdings lediglich eine Phase der Informationssammlung und -analyse beendet. Die nun anstehende Aufgabe betrifft die Behebung der Defizite im Sinne der Organisationsziele. Für die eingesetzte Arbeitsgruppe geht es nun darum, Maßnahmen zu erarbeiten, die die aufgedeckten Probleme beseitigen und dazu beitragen, die erwünschte Binnen- und Außenwirkung herzustellen.

In Bezug auf die Belegschaft heißt dies, für die erwünschte Motivation und Arbeitserleichterung zu sorgen. Und bezogen auf die Kundschaft geht es darum, mittels der neuen Qualitätsorientierung für Interesse und Vertrauen in die angebotene Leistungspalette zu sorgen. Gefragt sind also gezielte Eingriffe in Organisationsstrukturen bzw. Handlungsbedingungen. Voraussetzung dafür ist natürlich die entsprechende Sachkenntnis über die Wirkungen solcher Maßnahmen.

Die eingesetzte Arbeitsgruppe macht sich zunächst Gedanken über die Binnenwirkung des Qualitätssystems. Bei der Einführung des neuen Systems war nicht beachtet worden, dass die Belegschaft eine Zunahme des Verwaltungsaufwands und der Überwachungsmöglichkeiten durch die Unternehmensleitung befürchtet und daher skeptisch bis ablehnend reagieren könnte. Diesen unerwünschten Effekt gilt es nun zu beseitigen. Die Arbeitsgruppe beschließt die Einrichtung von Workshops und Schulungsmaßnahmen, bei denen ganz gezielt diese Befürchtungen der Belegschaft zur Sprache kommen sollen. Außerdem soll der dezentrale Charakter des neuen Dokumentationswesens transparenter gemacht werden, um den Überwachungsängsten zu begegnen.

Im Falle der Außenwirkung der neuen Qualitätsorientierung hatte die Arbeitsgruppe PR-Defizite festgestellt. Zu wenige Kunden hatten von der Initiative des Unternehmens erfahren. Die Arbeitsgruppe beschließt, diesen Mangel zu beseitigen.

Erstes Ziel ist die Entwicklung neuer Werbebroschüren mit einer Betonung der Qualitätsorientierung und Zertifizierung. Die vorhandene Adressdatei soll genutzt werden, um neues Informationsmaterial gezielt zu versenden. Bei Kundenkontakten soll künftig gezielt auf das Qualitätssicherungssystem hingewiesen werden. Zusätzlich ist vorgesehen, in Zeitungen und Fachzeitschriften Anzeigen zu schalten.

Station 5: Überprüfung der Veränderung – Die Evaluation

Mit Station 4 setzen also die Veränderungsmaßnahmen in der Organisation ein. Damit sollte die Tätigkeit der Arbeitsgruppe allerdings nicht gänzlich beendet sein. Um den Aufwand erfolgloser Tätigkeiten und ein Verstreichen wertvoller Zeit zu vermeiden, wäre es günstig, den Maßnahmen ein *Controlling* oder eine *Evaluation* nachzuschieben. Natürlich ist es auch möglich, einige Monate zu warten und am Firmenergebnis abzulesen, ob die Maßnahmen erfolgreich gewesen sein könnten. Doch erstens hängt dieses Ergebnis nicht nur von der Organisationsveränderung, sondern auch von äußeren Faktoren wie der Konjunktur ab. Und zweitens kann ein all zu langes Warten auf den erwünschten Erfolg auch gefährlich und teuer werden.

Es stellt sich für die Arbeitsgruppe daher die Aufgabe, zu überprüfen, ob die gezielten Eingriffe in die Rahmenbedingungen auf der Makroebene wirklich erfolgreich waren. Konkret geht es um die Überprüfung *modifizierter* Erwartungen. Anders ausgedrückt: es geht darum, zu kontrollieren, ob die neuen erwarteten Zusammenhänge von Mikro- und Makroebene auch tatsächlich zustande kamen. Der Vorteil einer frühzeitigen Evaluation der Maßnahmen liegt auf der Hand: Bei Abweichungen von der angepeilten Wirkung kann rechtzeitig gegengesteuert werden.

Im Falle der Binnenwirkung geht es um einen neuen erwarteten Zusammenhang wie in Abbildung 12: Das Qualitätsmanagement ist nun verknüpft mit Maßnahmen, die für eine
Berücksichtigung von Befürchtungen und Vorbehalten der
Belegschaft sorgen sollen. Dadurch soll das vorhandene Misstrauen beseitigt und zusätzliche Motivation geschaffen werden. Folgen: Eine effektivere individuelle Leistung und ein
besseres Firmenergebnis. Bei der Evaluation geht es insbesondere darum, Schritt 1 von der Mikro- auf die Makroebene zu überprüfen: Reichen die eingeleiteten Maßnahmen aus,
um anfängliches Misstrauen in Motivation zu verwandeln?

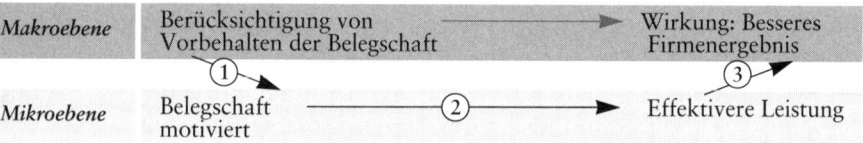

Abb. 12: Veränderte erwartete Binnenwirkung im Beispielfall

Da die Arbeitsgruppe bei der Suche nach Fehlern im System
erwarteter Zusammenhänge diesmal weniger im Dunkeln
tappt als am Anfang ihrer Tätigkeit, ist nun möglicherweise
keine weitere (evtl. aufwändige) Mitarbeiterbefragung nötig.
Vielleicht reicht es, sich in der Belegschaft umzuhören[9] oder
am Ende der durchgeführten Workshops und Schulungsmaßnahmen eine Abschlussdiskussion zu führen oder schriftliche Rückmeldung zu erbeten. Die Arbeitsgruppe empfiehlt
zudem, permanente Möglichkeiten zu schaffen, die die Belegschaft ermuntern, das Qualitätsmanagement kritisch zu
kommentieren und die ihrerseits zu Verbesserungen beitragen. Dies wäre dann gleichzeitig ein Beitrag zu einer umfassenderen Qualitätsorientierung des gesamten Unternehmens.

---

9 Wobei anzumerken ist, dass bei mündlichen und offenen Stellungnahmen je nach
   Brisanz des Themas andere Kommentare zu erwarten sind als bei schriftlichen und
   verdeckten bzw. geheimen Abstimmungen. Man muss mit solchen Versuchen,
   „mal schnell" Meinungen einzuholen, daher vorsichtig umgehen. Siehe dazu auch
   die entsprechenden Ausführungen zu den Datenerhebungsmethoden in Kapitel 3.

Bei der Außenwirkung steht ein neuer erwarteter Zusammenhang wie in Abbildung 13 zur Kontrolle an: Das Qualitätsmanagement ist nun mit einer Vielzahl von PR-Maßnahmen verbunden. Gezielte Werbung soll den Kunden die Einführung des neuen Qualitätssicherungssystems nahe bringen und für zusätzliches Vertrauen in die Leistungen des Unternehmens sorgen. Die erwünschten Folgen sind mehr individuelle Auftragserteilungen durch Kunden und damit ein besseres Firmenergebnis. Auch hier besteht die Hauptaufgabe der Evaluation darin, Schritt 1 von der Mikro- auf die Makroebene zu überprüfen: Sorgen die eingeleiteten PR-Maßnahmen wirklich für mehr Aufmerksamkeit und zusätzliches Vertrauen? Auch hier ist wieder zu überlegen, wie die entsprechenden Daten gewonnen werden können. Möglicherweise gelingt es sogar, die PR-Maßnahmen mit einer neuerlichen Kundenbefragung – vielleicht in Form eines Preisausschreibens oder beim Anlass eines Sommerfests – geschickt zu verbinden.

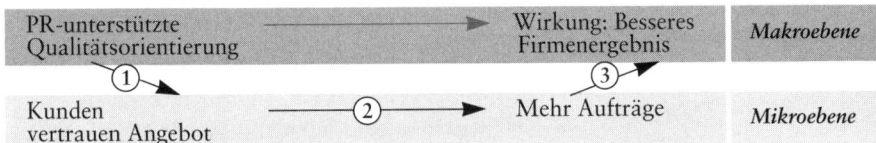

Abb. 13: Veränderte erwartete Außenwirkung im Beispielfall

Die Darstellung der 5. Station, der Evaluation bzw. des Controllings der Veränderungsmaßnahmen, deuten schon an, dass der Prozess der Organisationsanalyse im Grunde nie wirklich zu Ende geht. Immer wieder treten Veränderungen der Ausgangsbedingungen ein, und immer wieder wird es daher nötig sein, Analysen wie im obigen Fall durchzuführen, zu modifizieren, zu evaluieren und evtl. nach dem Auftreten neuer Probleme wieder von vorne zu beginnen. Im Grunde ist die Analyse auf der Grundlage der fünf Stationen kein in sich abgeschlossenes Projekt, sondern eine ziemlich dynamische Sache, die zu einem regelrechten Kreislauf an Maßnahmen anregt, um unerfreuliche Entwicklungen zu identifizieren und in gewünschte Bahnen umlenken zu können.

Die fünf Analysestationen sind in Abbildung 14 daher in Form eines Kreislaufs dargestellt: Am Anfang steht die Klärung erwarteter Zusammenhänge im Mikro-Makro-Modell. Anschließend wird durch die Erhebung relevanter Daten der Ist-Zustand ermittelt. Nach einem gegenüberstellenden Soll-Ist-Vergleich lassen sich die Problemfelder eingrenzen und Maßnahmen für einen gezielten Eingriff entwickeln. Am Ende des Zyklus steht die Überprüfung der Veränderungsmaßnahmen – und damit, wenn nicht alles nach Plan gelaufen ist, oder durch äußere Einflüsse neuerliche Schwierigkeiten auftreten, beginnt evtl. ein neuer Analyse- und Maßnahmenkreislauf.

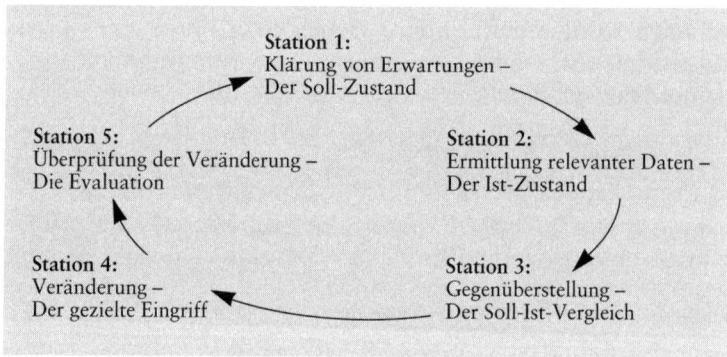

Station 1:
Klärung von Erwartungen –
Der Soll-Zustand

Station 5:
Überprüfung der Veränderung –
Die Evaluation

Station 2:
Ermittlung relevanter Daten –
Der Ist-Zustand

Station 4:
Veränderung –
Der gezielte Eingriff

Station 3:
Gegenüberstellung –
Der Soll-Ist-Vergleich

Abb. 14: Fünf Stationen eines Analysekreislaufs

2.7   Möglichkeiten der Mikro-Makro-Analyse von Organisationen

Der Beispielfall des qualitätsorientierten Dienstleistungsunternehmens sollte verdeutlichen, wie einen möglicher Ablauf einer Organisationsanalyse aussieht, und wo Ansatzpunkte oder gar Notwendigkeiten einer Erhebung einschlägiger Daten bestehen. Hinweise und Hilfsmittel für eine Datenerhebung in verschiedenen Bereichen einer Organisation werden im 3. Kapitel dieses Buchs noch eingehend erörtert. Das Mikro-Makro-Modell stellt den gedanklichen Rahmen der Analysetätigkeit dar. Mit Hilfe möglichst abgesicherter Annahmen über die Zusammenhänge zwischen der individuellen Mikro- und der organisatorischen Makroebene lassen sich Ansatzpunkte für organisatorische Veränderungsmaßnahmen auffinden.

Das Mikro-Makro-Schema kann also bei der Ordnung eigener Vorstellungen und bei der Suche nach Planungs- bzw. Durchführungsmängeln eine Hilfe sein. Festzuhalten bleibt allerdings: das Schema ist nur ein Modell. Es bildet nicht die vollständige Komplexität realer Verhältnisse ab. Glücklicherweise, kann man hinzufügen, denn mit einem Modell, das genauso komplex ist wie die Realität, kommt man bei der Analyse kaum einen wesentlichen Schritt weiter.

Oft ist es für das Verständnis eines komplexen Problems günstiger, bewusst vereinfachende Annahmen zu verwenden. Sind Grundlagen eines Problems verstanden worden, so ist es dann immer noch möglich, in das Modell realitätsnahere Komponenten oder Einflüsse einzufügen, um zu sehen, wie sich Modellaussagen und Ergebnisse verändern. LINDENBERG (1991) spricht in diesem Zusammenhang von der „Methode der abnehmenden Abstraktion".

Auch das Mikro-Makro-Modell bietet den Vorteil, dass es ohne weiteres möglich ist, abstraktere durch realitätsnahere Annahmen zu ersetzen. Einerseits ist es möglich, komplexere Annahmen über menschliches Verhalten oder Wirkungen zwischen der Mikro- und der Makro-Ebene einzubauen. Andererseits ist das Modell so angelegt, dass es um zusätzliche Komponenten erweiterbar ist.

Vertikale Erweiterungen des Mikro-Makro-Modells

Solche zusätzlichen Komponenten können z. B. weitere Einflussebenen sein. Bislang war in den vorigen Abschnitten dieses Buchs bei der Betrachtung organisationsspezifischer Fragestellungen die Makroebene stets mit der Ebene der Organisation gleichgesetzt worden. Was geschieht aber, wenn Wirkungen eines „übergeordneten" kollektiven Phänomens im Vordergrund stehen? Beispielsweise, wenn es um Wirkungen staatlicher Stellen, der Presse oder der Öffentlichkeit auf eine Organisation geht? Bei solchen Fragestellungen wäre ein Modell mit der betreffenden Organisation auf der Makroebene nicht besonders einleuchtend.

Für derartige Problemstellungen bietet sich eine Erweiterung des Mikro-Makro-Modells um eine weitere Ebene an. ESSER (1993, S. 112) spricht hier von sogenannten „Mehr-Ebenen-Modellen". Die betreffende Organisation rückt in einem solchen Modell gewissermaßen auf eine mittlere Ebene, die sogenannte „Mesoebene", und wird ihrerseits von einer neuen Makroebene beeinflusst. Einen Vorschlag für eine solche Erweiterung bei der Analyse von Organisationen legen BÜSCHGES und ABRAHAM (1997, S. 76)[10] vor. Bei ihnen wirken Umweltbedingungen einer neuen Makroebene auf Organisationsstrukturen auf der Mesoebene.

Abbildung 15 verdeutlicht die Struktur einer solchen Ebenen-Erweiterung des Mikro-Makro-Modells. Umweltbedingungen wie staatliche Aktivitäten, das Wirtschaftssystem, Markteigenschaften oder gesellschaftliche Rahmenbedingungen beeinflussen Organisationen und deren Strukturen. An dieser Stelle setzt ein Effekt auf die individuelle Ebene mit menschlichem Handeln ein. Die resultierenden Organisationsergebnisse wiederum üben eine Rückwirkung auf die übergeordnete Makroebene aus.

---

10 Für eine ähnliche grafische Erweiterung des Modells siehe auch ESSER (1993, S. 113).

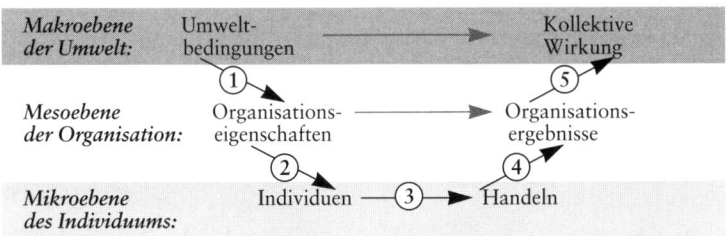

Ab. 15: *Vertikale Erweiterung des Mikro-Makro-Modells*

Als Beispiel für die Verwendung einer solchen vertikalen Erweiterung des Mikro-Makro-Schemas zu einem Mehr-Ebenen-Modell lässt sich der Gegenstand einer politischen Diskussion heranziehen: Im Frühjahr 2000 entstand in der deutschen Öffentlichkeit eine heftige Diskussion über den Vorschlag von Bundeskanzler Gerhard Schröder, den Mangel an EDV-Fachkräften durch eine befristete Arbeitserlaubnis für Nicht-EU-Angehörige zu beheben (vgl. z. B. IWD 2000).

Ein Erfolg einer solchen Green-Card-Aktion würde im Rahmen des Mehr-Ebenen-Modells folgendermaßen aussehen (vgl. Abbildung 16): Auf der übergeordneten Makroebene sorgt der Gesetzgeber mit der Green Card für eine Arbeitserlaubnis zusätzlicher EDV-Spezialisten. Auf der Mesoebene gibt dies Betrieben die Möglichkeit, den Bedarf an Fachkräften aus dieser Personengruppe zu decken. Dies bewirkt auf der (innerbetrieblichen) Mikroebene, dass die neuen Spezialisten wichtige EDV-Tätigkeiten sachkundig ausüben und so zu einem besseren betrieblichen Ergebnis beitragen. Gelingt dies einer Vielzahl von Unternehmen, so wird auf der Makroebene ein kollektiver Effekt vermehrten Wachstums oder besserer Weltmarktchancen für die deutsche Wirtschaft resultieren. Die Tatsache, dass die Bundesregierung für ihr Green-Card-Vorhaben aus der Wirtschaft starke Unterstützung bekam, verweist darauf, dass deutsche Unternehmen befürchten, angesichts des Mangels an Computerfachleuten ansonsten Schwierigkeiten zu bekommen, Schritt 3 auf der Mikroebene in diesem erweiterten Modell zu bewirken. Ohne zusätzliche Fachkräfte wäre dieser Schritt dann kurz- und mittelfristig kaum zu realisieren.

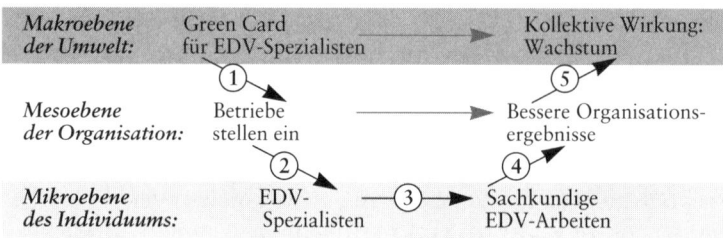

Abb. 16: Beispiel einer vertikalen Erweiterung des Mikro-Makro-Modells

Horizontale Erweiterungen des Mikro-Makro-Modells

Eine mögliche Kritik am Mikro-Makro-Modell könnte lauten, dass im engeren Sinn eigentlich nur relativ unbewegliche, statische Zusammenhänge dargestellt werden. Auf den ersten Blick erscheint das Modell wie eine Grobvereinfachung mit nur drei Analyseschritten oder Effekten, nach deren Durchspielen die Analyse beendet ist. Ein bedenkenswerter Einwand gegen eine solche Vorgehensweise ist, dass organisatorische Veränderungen als Prozesse vor sich gehen und sich im Lauf der Zeit wandeln können. Doch auch diese Erkenntnis kann im Rahmen einer Mikro-Makro-Analyse berücksichtigt werden.

Dazu ist es lediglich nötig, am Ende der drei Schritte den Anfang einer neuen Drei-Schritte-Folge zu setzen. Die nach den ersten drei Schritten resultierenden kollektiven Ergebnisse setzen also gleichsam die Bedingungen für neuerliches Handeln auf der Mikroebene. Darauf folgen dann wieder neue kollektive Ergebnisse, die wiederum Ausgangspunkt einer neuen Drei-Schritte-Folge sind usw. ESSER (1993, S. 102) spricht in diesem Zusammenhang von der Bildung ganzer „Sequenzen" oder der Darstellung „sozialer Prozesse". Ein solcherart horizontal erweitertes Modell zeigt Abbildung 17 (siehe für eine ähnliche Darstellung ESSER 1993, S. 107).

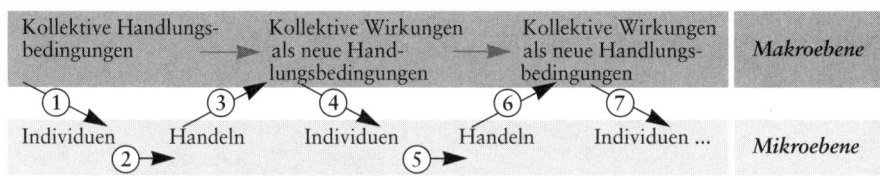

Abb. 17: Horizontale Erweiterung des Mikro-Makro-Modells

Auch zu dieser Erweiterung lassen sich Beispiele finden. Nehmen wir den oben geschilderten Fall der zunächst erfolglosen Einführung eines Qualitätssicherungssystems in einem Dienstleistungsunternehmen. Betrachten wir die Diskrepanz zwischen geplanter und tatsächlicher Außenwirkung der Maßnahme. Die Kundenbefragung zeigte, dass die erhoffte Verbesserung der Reputation des Unternehmens mit einem Vertrauensschub auf Seiten der Kunden aufgrund von PR-Mängeln ausgeblieben war. Die neue Qualitätsorientierung war von den Kunden kaum wahrgenommen worden. Daher erteilten die Kunden kaum zusätzliche Aufträge und veränderten das Firmenergebnis nur unwesentlich.

Abbildung 18 zeigt, wie am Ende dieser Drei-Schritte-Sequenz im Mikro-Makro-Modell nun die Intervention des Unternehmens einsetzt: Eine PR-Offensive soll die Kunden über die Vorteile der neuen Qualitätsorientierung informieren und so für neues Vertrauen werben. Gelingt dies, so erteilt die Kundschaft häufiger Aufträge, und es kommt zum erhofft besseren Firmenergebnis. Am Ende dieser neuen Drei-Schritte-Sequenz bleibt die Zeit freilich nicht stehen, und so ist es legitim, im Rahmen einer weiterblickenden Analyse zu fragen, wie es weitergeht. Wird das bessere Firmenergebnis für weiterführende Maßnahmen verwendet, um z. B. eine Position der Marktführerschaft zu erlangen? Oder ruht sich die Unternehmensleitung auf den Lorbeeren aus, bis ihr die Kundschaft angesichts einer gewachsenen Erwartungshaltung wieder den Rücken kehrt?

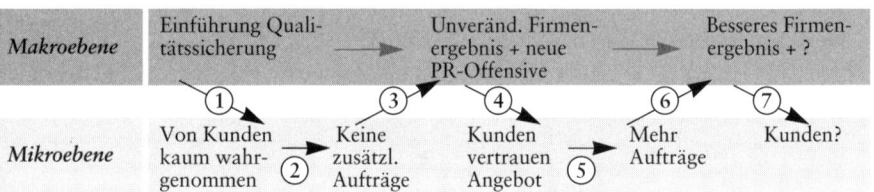

Abb. 18: *Beispiel einer horizontalen Erweiterung des Mikro-Makro-Modells*

Einbau von Theorien und Erkenntnissen in das Mikro-Makro-Modell

Da das Mikro-Makro-Modell relativ allgemein gehalten ist, lässt es einen breiten Spielraum für den Einsatz eigener Vorstellungen über Organisationen, die Wirkung von Verfahrensregeln und das Verhalten von Organisationsmitgliedern oder wichtigen externen Personen. Dies gilt für in der organisatorischen Praxis gewonnene Kenntnisse genauso wie für wissenschaftliche Organisationstheorien. Am Beispiel der in Kapitel 1.3 angerissenen Organisationstheorien soll im Folgenden kurz gezeigt werden, welche Beiträge sie im Rahmen einer Mikro-Makro-Analyse liefern können.

So stellt, wie oben erläutert, die *Bürokratietheorie* die formalen Strukturen der Arbeitsteilung in einer Organisation in den Vordergrund. Weisungsbefugnisse, standardisierte Tätigkeiten und offiziell vorgesehene Verfahrensregeln sehen innerhalb der Organisation vorgegebene Positionen und Rollen mit einem je nach Fall mehr oder weniger großen individuellen Spielraum vor. Die Bürokratietheorie befasst sich demnach wesentlich mit der Setzung von Organisationsstrukturen als Bedingungen individuellen Handelns. Im Rahmen einer Mikro-Makro-Analyse betrifft dies im wesentlichen Schritt 1, die Wirkung der Makro- auf die Mikroebene.

Die *Management- oder Organisationslehre* betrachtet die Gestaltung der Arbeitsorganisation, Arbeitsteilung und Administration im Hinblick auf die organisatorische Effizienz. Es geht also um die Schaffung optimaler Organisationsstrukturen bis hinunter zu den einzelnen Handgriffen der Arbeitskräfte. Eine konkrete Handlungstheorie wird allerdings nicht vorgelegt. Menschliches Handeln erscheint vielmehr als ein gewisser Automatismus. Schritt 2 auf der Mikroebene des Mikro-Makro-Modells ist daher etwas fraglich. Bedeutung kommt hingegen der Rückkehr auf die Makroebene zu. Ziel ist ja ganz ausdrücklich der organisatorische Erfolg von Strukturveränderungen.

Die *Human-Relations-Theorie* betont die Bedeutung sozialer Beziehungen in Organisationen und ihrer Wirkungen auf das individuelle Verhalten. Hier geht es also weniger um die technische Ausstattung und formale Vorgaben als vielmehr um die tatsächlichen Führungsstrukturen, die innerorganisatorischen Beziehungen und das Verhältnis der Organisationsmitglieder untereinander. Zufriedenheit und Motivation der Organisationsmitglieder haben hier eine wesentliche Bedeutung für das individuelle Handeln. Es wundert daher nicht, dass konkrete Handlungstheorien im Kontext der Human-Relations-Theorie entstanden sind. Im Mikro-Makro-Modell beschäftigt sich die Theorie daher wesentlich mit den Schritten 1 und 2.

Die verhaltenswissenschaftliche *Entscheidungstheorie* beschäftigt sich mit den individuellen Entscheidungen von Organisationsmitgliedern – und je nach Fragestellung auch von externen Personen wie Kunden oder potenziellen Neumitgliedern. Die Entscheidungstheorie bietet geradezu in Reinform Vorschläge, wie Schritt 2 im Mikro-Makro-Modell aussehen kann und welche Effekte von der Makroebene ausge-

hen. Hierzu finden sich Aussagen über die Wirkung von Anreizen, die Bedingungen kooperativen Verhaltens und die
Voraussetzungen dafür, dass Organisationsmitglieder Handlungen ausführen, die übergeordnete Organisationsziele erfüllen.

Der *Situative Ansatz* stellt die Situationsabhängigkeit erfolg-
reicher Organisationsstrukturen in den Vordergrund. Zur Erfüllung ihrer Ziele muss eine Organisation ihre Strukturen an
die jeweils vorherrschende Situation anpassen. Die Gestaltung der Organisation richtet sich demnach spezifisch nach
den organisationsinternen Bedingungen und vor allem nach
der aufgabenbezogenen und globale Umwelt. Es geht hier also vorrangig um übergeordnete Einflüsse auf die Organisation. Im Rahmen des Mikro-Makro-Modells rücken die Organisationsstrukturen gewissermaßen auf die Mesoebene,
wie dies im oben erläuterten Erweiterungsvorschlag von
BÜSCHGES und ABRAHAM (1997) vorgesehen ist.

Der *Evolutionstheoretische Ansatz* beleuchtet ganze Organi-
sationspopulationen und ihr Überleben bzw. Aussterben je
nach Umweltbedingungen. Umweltveränderungen, Mutationen, Variationen und zufällige Effekte bestimmen, welche
Organisationstypen – und damit: welche Organisationsstrukturen – erfolgreich sind und sich in politischen oder
wirtschaftlichen Räumen bzw. Märkten verbreiten. Auch hier
liegt eine „Makro-Theorie" vor, die sich weniger mit individuellem Verhalten als vielmehr mit übergeordneten Einflüssen auf Organisationen beschäftigt. Ähnlich wie beim Situa-
tiven Ansatz lassen sich Organisationen im Rahmen des Mikro-Makro-Modells auf einer Mesoebene platzieren.

Die *Transaktionskostentheorie* sucht nach effizienten institutionellen Regelungen für den Güter- oder Leistungsaustausch
zwischen wirtschaftlichen Akteuren. Besonderes Augenmerk
gilt Schwierigkeiten und Bedingungen kooperativer Beziehungen zwischen Leistungsanbietern und -abnehmern. In we-

sentlichen Aspekten der Transaktionskostentheorie geht es daher um Schritt 1 im Mikro-Makro-Modell – die Setzung von Handlungsbedingungen und Anreizen. Dabei spielen Annahmen über individuelles Handeln (Schritt 2) eine wichtige Rolle, um zu erklären, warum es z. B. je nach Situation günstige oder weniger günstige ökonomische Ergebnisse für eine einzelne Organisation oder ganze Märkte gibt (Schritt 3).

Am Beispiel dieser sieben Theorierichtungen lässt sich also zeigen, wie Denkweisen über Organisationen mit dem Mikro-Makro-Modell verknüpft werden können. Ebenso kann man mit weiteren Theorien, Hypothesen, Annahmen oder Erkenntnissen verfahren. Vorteile der Verknüpfung mit dem Mikro-Makro-Modell sind, dass man sich klar werden muss, welche Annahmen hinter den eigenen Gedanken stecken, an welchen Stellen der Analyse die eigenen Gedanken ansetzen und wo evtl. Lücken bestehen.

Mit Sicherheit haben die Leserinnen und Leser dieses Kapitels eigene Gedanken, Ideen und Theorien über Organisationen. Überlegen Sie: Lassen sich Ihre Gedanken in klare Aussagen formulieren? Geht es dabei um Strukturen und/oder um individuelles Handeln? Wo im Mikro-Makro-Modell setzen Ihre Vorstellungen an? Wo bleiben Lücken? Versuchen Sie, eigene Vorstellungen über Organisationen im Rahmen des Mikro-Makro-Modells abzubilden: Welche Vorstellungen über die Wirkung von Makrostrukturen haben Sie?

Zeichnen Sie in Abbildung 19 beispielhaft eigene Vorstellungen über die positive Wirkung von Organisationsstrukturen im Mikro-Makro-Modell ein: Wie müssen Ihrer Meinung nach Bedingungen und Strukturen aussehen, um günstige Ergebnisse zu ermöglichen? Vergegenwärtigen Sie sich die zusammenfassenden Fragestellungen von Abbildung 3: Welche Rahmenbedingungen und Handlungsmöglichkeiten sollen die Bedingungen in Organisationen setzen (Schritt 1)? Wie handelt unter diesen Bedingungen im Normalfall ein betei-

ligtes Individuum (Schritt 2)? Welches kollektive Resultat ergibt sich für die Organisation aus den Handlungen aller Beteiligten (Schritt 3)?

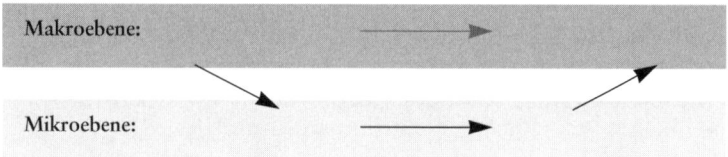

Abb.19: Eigene Vorstellungen über günstige Organisationsbedingungen

Machen Sie auch die Gegenprobe: Was sind aus Ihrer Sicht
besonders ungünstige Bedingungen für den Erfolg von Organisationen? Wie sollten Organisationsstrukturen nicht gestaltet werden? Welche Wirkungen haben solche ungünstigen
Bedingungen auf die betreffenden Menschen (Schritt 1)? Wie
handeln diese (Schritt 2)? Was ist das kollektive Ergebnis
(Schritt 3)?

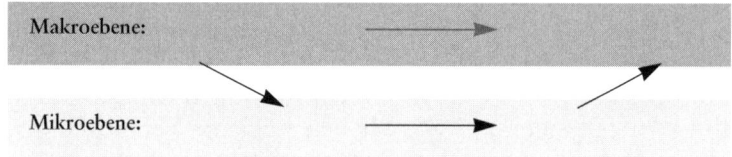

Abb. 20: Eigene Vorstellungen über ungünstige Organisationsbedingungen

Genauso können Sie vorgehen, um konkrete Veränderungsmaßnahmen in Ihrer Organisation abzubilden. Grundsätzlich
können Sie dazu stets die zusammenfassenden Fragestellungen von Abbildung 3 (S. 36) bearbeiten. Zur Verdeutlichung
sind diese Fragen nochmals aufgeführt und auf die Situation
einer Organisation ausgerichtet. Sie erleichtern die Darstellung im Rahmen des Mikro-Makro-Modells und damit eine
Abbildung eigener Vorstellungen über Wirkungen von Organisationsbedingungen, Handeln und kollektiven Wirkungen.

Außerdem kann deutlich werden, an welchen Stellen Informationen bzw. Daten über konkrete Sachverhalte gewonnen werden müssen.

Fragen einer Mikro-Makro-Organisationsanalyse:

1. Welche Rahmenbedingungen und Handlungsmöglichkeiten setzen Organisationsstrukturen für den Einzelnen?
2. Wie handelt ein beteiligtes Individuum in der entsprechenden Situation?
3. Welches kollektive Resultat ergibt sich für die Organisation aus den Handlungen der Beteiligten?

3 Daten als Hilfsmittel der Organisationsanalyse

Wie in den vorangegangenen Kapiteln dargestellt, gehört es zum eigentlichen Kern einer Organisationsanalyse, Informationen zu gewinnen – Informationen über den Ablauf betrieblicher Prozesse, über die Möglichkeiten von Verfahrensänderungen, über die Wirkung von Organisationsstrukturen. In vielen Fällen ist es dazu notwendig, vorliegendes Wissen zusammenzufassen, zu ordnen und auszuwerten. Arbeitsvorschläge, wie sie in Kapitel 4 vorgestellt werden, können dazu eine Hilfe sein.

In anderen Fallen wird dies aber nicht ausreichen. Zusätzliche Information ist nötig, um Wissenslücken zu schließen. Die organisatorische Praxis zeigt, dass dies meist nicht einfach ist. Erstens ist an die gewünschte Information oft nicht unmittelbar heranzukommen – es sind spezielle Verfahren dazu nötig. Zweitens ist der Prozess der Informationsgewinnung mit Aufwand personeller, zeitlicher oder finanzieller Art verbunden. Ungeschickte Vorgehensweisen bei der Informationssammlung bergen daher die Gefahr, teure heiße Luft zu produzieren. Doppelt nachteilig ist dies darüber hinaus, wenn durch die Anwendung ungünstiger Verfahren unzutreffende Informationen „gewonnen" und daraus für die Organisationspraxis die falschen Schlüsse gezogen werden.

Dies zeigt ein Blick auf das Beispiel aus Kapitel 2: Ein Dienstleistungsunternehmen hatte nach der Einführung eines Qualitätsmanagementsystems keinerlei Verbesserung des Betriebsergebnisses feststellen können. Mitverantwortlich dafür waren auch Vorbehalte der Belegschaft im Hinblick auf befürchtete Überwachungsversuche und bürokratischen Mehraufwand. Diese wichtige Information wurde durch eine Mitarbeiterbefragung gewonnen. Durch eine ungeschickte Vorgehensweise bei der Befragung mit zweifelhaften Formulierungen in den Fragestellungen hätte es passieren können, dass das Misstrauen der Belegschaft noch gesteigert worden wäre.

Als Folge hätten die Mitarbeiterinnen und Mitarbeiter vielleicht ihre tatsächliche Meinung zum Qualitätsmanagement nicht preisgegeben, und die Befragung hätte völlig unzutreffende Ergebnisse abgeworfen. Die Vorbehalte der Belegschaft wären also nicht als Mitgrund für das unbefriedigende Ergebnis der Strukturveränderung zutage getreten. Im weiteren Verlauf hätte die eingesetzte Arbeitsgruppe in anderen Bereichen nach Gründen weitergesucht und wäre damit völlig auf dem Holzweg – ein Erhebungsfehler also mit hohen Folgekosten.

Eine sorgfältige und kompetente Vorgehensweise ist daher bei der Gewinnung und Auswertung von Informationen ebenso wichtig wie bei anderen innerorganisatorischen Tätigkeiten. Grundkenntnisse der Datenerhebung sind dementsprechend eine wichtige Voraussetzung für die Organisationsanalyse durch Organisationsmitglieder oder externe Berater (vgl. auch LIPPITT & LIPPITT 1995, S. 124 ff.). Ein wirklich umfassender Schnellkurs ist an dieser Stelle leider nicht möglich. Nachfolgend biete ich für Organisationsberater und -praktiker zumindest einige Hinweise und Orientierungshilfen für die Gewinnung von Daten an – mit der Empfehlung, sich nach Bedarf in die entsprechende Thematik einschlägiger Fachbücher zu vertiefen[1].

---

1 Beispiele sind: FRIEDRICHS (1990), DIEKMANN (1995), SCHNELL, HILL & ESSER (1995), KROMREY (1998) oder – mit einer etwas anderen Ausrichtung mehr auf Organisationsforschung allgemein – auch BÜSCHGES & LÜTKE-BORNEFELD (1977).

3.1 Die Gewinnung von Informationen in Organisationen

Informationen zu sammeln, auszuwerten und als Grundlage für Entscheidungen zu verwenden, gehört zu den Tätigkeiten unseres täglichen Lebens. Viel mehr noch: es ist ein – je nach Entwicklungsstand und Komplexitätsgrad mehr oder weniger ausgeprägter – Wesenszug aller lebenden Organismen. Und da Organisationen „soziale Organismen" sind, gilt dies für sie ebenfalls.

Für eine erfolgreiche und effiziente Organisationspraxis ist es selbstverständlich und wichtig, Informationen zu gewinnen und Daten zu erheben. Nur so lässt sich eine Ausgangsbasis für weitere Planungen oder Tätigkeiten schaffen. Die Ermittlung von Informationen kann allerdings selbst eine sehr komplexe Sache sein. In den Sozialwissenschaften beschäftigen sich daher ganze Fachdisziplinen mit Methoden der Datenerhebung und -auswertung. Dementsprechend vielfältig sind die Verfahren der Datenerhebung. Ihre Auswahl und Brauchbarkeit hängt von Fall zu Fall von der jeweiligen Fragestellung und den zur Verfügung stehenden Datenquellen ab.

Ein wichtiges alltägliches Beispiel für die Datenermittlung in Organisationen ist die *Auswertung schriftlichen Materials* – von der Analyse betrieblicher Absatzkennziffern über die Durchsicht von Marktinformationen bis hin zur Verwaltung von Arbeitszeitkonten. Solche Datenerhebungsverfahren gehören oft zu den Routinetätigkeiten von Organisationspraktikern. Durch Schulung und tägliche Praxis bereiten sie daher wenig Schwierigkeiten. Anders ist die Situation bei Erhebungsverfahren mit Techniken, die nicht Gegenstand der beruflichen Ausbildung oder der täglichen Arbeit sind. Ein gängiges Beispiel ist der Einsatz von *Fragebogen,* um Meinungen, Kommentare und Auskünfte von Personen zu erhalten. Richtig ist, dass man mit Hilfe von Fragebogen auf relativ bequemem Weg Informationen erhalten kann, die ansonsten schwer oder gar nicht zugänglich sind. Falsch ist allerdings, dass Befragungsdaten automatisch eine objektive und unbestechliche Datenbasis darstellen.

In der Durchführung von Befragungen – wie bei anderen Methoden der Datenerhebung auch – stecken Fehlerquellen, die bei inkompetenter Verwendung reichlich zu sprudeln beginnen. In den Sozialwissenschaften beschäftigen sich daher die sogenannten „Methoden empirischer Sozialforschung" mit der Art und Weise, wie Informationen auf günstige Art und Weise gewonnen und ausgewertet werden. Die wichtigsten Erkenntnisse sind auch auf die Datenerhebung in Organisationen anwendbar.

Wie in den Sozialwissenschaften allgemein gibt es auch für den Bereich der Organisationsforschung kein methodisches Allheilmittel: Es gibt keine Methode, die für jedwedes Problem die richtigen Erhebungs- und Auswertungsanweisungen bietet. Vielmehr gilt es, je nach Fragestellung passende Methoden auszuwählen. Dementsprechend existiert ein breites Spektrum an Methoden, mit denen in Organisationen Daten gesammelt werden können (vgl. z. B. Bryman 1989).

Dies bedeutet freilich nicht, dass in der Zunft Einigkeit über jede Art der Vorgehensweise vorherrscht. In Kapitel 1 wies ich darauf hin, dass es je nach Fragestellung unterschiedlichste theoretische Herangehensweisen an das Phänomen „Organisation" gibt. Was für die Betrachtung von Organisationen allgemein gilt, trifft auch für die Erhebungsmethoden zu: Es stehen verschiedenste Verfahren zur Verfügung, die je nach Fragestellung gut oder weniger gut einsetzbar sind. Es gibt allerdings auch unterschiedliche Auffassungen darüber, wann eine Methode gut und wann weniger gut ist. Ein Beispiel für solche Kontroversen stellt die Bevorzugung quantitativer oder qualitativer Erhebungsverfahren dar (vgl. Diekmann 1995, S. 443ff.).

Da es an dieser Stelle weniger um wissenschaftliche Fragen, sondern um die Verwendbarkeit von Erhebungsverfahren in der Organisationspraxis geht, werden solche Diskussionen in den nachfolgenden Ausführungen ausgeklammert. Wichtig ist, welche Formen der Datenerhebung zur Verfügung stehen und worauf bei der Anwendung geachtet werden sollte. Im Rahmen einer Organisationsanalyse kann der Einsatz solcher Datenerhebungsmethoden dazu beitragen, verwendbare Informationen zu gewinnen. Im Rahmen einer in Kapitel 2 vorgestellten Mikro-Makro-Analyse könnte man dann zutreffende Aussagen z. B. über Rahmenbedingungen und deren Auswirkungen oder Meinungen und Ziele handelnder Personen machen. Und dies bildet eine wichtige Basis für das Erkennen problematischer Entwicklungen und hilfreicher Veränderungsmöglichkeiten.

Eine Datenerhebung steht demnach nie isoliert, sondern ist in einen breiteren Ablauf von Tätigkeiten eingebunden. Zu empfehlen sind fünf Ablaufphasen der Ermittlung von Daten (vgl. auch ATTESLANDER u. a. 1991, S. 34). Jede dieser Phasen hat ihre Eigenarten und ist wichtig für den Erfolg des gesamten Zyklus.

Phasen der Datenermittlung und -verarbeitung
- Problembenennung
- Gegenstandsbenennung
- Datenerhebung
- Datenauswertung
- Verwendung

Problembenennung
Der Ablauf beginnt mit der Benennung eines Problems, zu dem Informationen benötigt werden. Beispielsweise wird hier als Thema die Arbeitszufriedenheit der Belegschaft einer Unternehmensabteilung festgelegt, da man bei anstehenden Reorganisationsmaßnahmen auf vorhandene Probleme eingehen möchte.

Gegenstandsbenennung
Darauf folgt die Gegenstandsbenennung, bei der es darum
geht, die konkrete Thematik in messbaren Begriffen einzugrenzen. Dieser Schritt ist sehr wichtig, da mit ihm festgelegt
wird, welche Information ermittelt bzw. was eigentlich gemessen werden soll. Im Beispiel müsste z. B. geklärt werden,
was unter Arbeitszufriedenheit verstanden wird, wie und wo
dies gemessen werden soll. Dazu ist es auch nötig, ein Aus-
wahl- oder Stichprobenverfahren zu wählen, das entscheidet,
wer überhaupt an der Befragung teilnehmen soll (siehe auch
Abschnitt 3.2).

Datenerhebung
In der Phase der eigentlichen Datenerhebung kommt das gewählte Erhebungsverfahren, z. B. Fragebogen, zum Einsatz. In
unserem Beispiel könnte dies durch eine anonyme Mitarbeiterbefragung mit einem kurzen Erhebungsbogen geschehen,
der an alle Belegschaftsangehörigen verteilt wird.

Auswertung
Die Auswertung schließlich stellt die eigentlichen Gewinnung
komprimierter Informationen dar. Meist liegen nach einer Datenerhebung die Erkenntnisse ja noch nicht offen herum, sondern müssen aus den Daten ermittelt werden. Dazu können
recht einfache Schätz- oder Auszählungsverfahren ausreichen.
Insbesondere bei größeren Datenmengen ist allerdings auf
Computerunterstützung und statistische Verfahren zurückzugreifen. Wenn in unserem Beispiel die Belegschaft nicht zu
groß ist, kann es ausreichen, die einzelnen Fragen auszuzählen.
Um z. B. Beziehungen zwischen Antworten zu unterschiedlicher Fragen feststellen zu können, kann es allerdings schon
sehr arbeitssparend sein, auf ein entsprechendes Computer-
programm zurückzugreifen (vgl. WITTENBERG 1999).

Verwendung
Den Abschluss bildet die Phase der Verwendung der neuen Informationen in der Organisationstätigkeit. An dieser Stelle

zeigt sich, ob die erhobenen Daten wirklich relevant und praktisch verwendbar sind. Im Beispiel der Belegschaftsbefragung kommt es nun darauf an, die geplanten Reorganisationsmaßnahmen so zu steuern, dass die Mitarbeiterinnen und Mitarbeiter künftig zufriedener mit ihrer Tätigkeit sind.

Die Brauchbarkeit einer bestimmten Datenerhebungsmethode lässt sich daran messen, wie zutreffend und unverfälscht die Ergebnisse sind, die sie liefert. Man spricht in diesem Zusammenhang auch von „Gütekriterien" der Datenerhebung (vgl. DIEKMANN 1995, S. 216ff.). Für die praktische Durchführung sollte ein Erhebungsverfahren objektiv, vergleichbar, ökonomisch und nützlich sein (SCHNELL, HILL & ESSER 1995, S. 139ff.). Daten, die nur mit einem unverhältnismäßig großen Aufwand gewonnen werden können, sind für die Organisationspraxis ebenso fragwürdig wie Informationen, die aus einem extrem komplizierten Verfahren resultieren, das einen Vergleich mit anderen Daten gar nicht mehr zulässt.

Die wichtigsten und meistdiskutierten Gütekriterien sind die der *Gültigkeit* und der *Zuverlässigkeit*. Die Zuverlässigkeit gibt an, wie gut die Erhebungsergebnisse reproduzierbar sind. Ein Erhebungsverfahren ist wenig zuverlässig, wenn es bei wiederholtem Einsatz an ein und demselben (unveränderten) Objekt unterschiedlichste Ergebnisse liefert. Dies ist z. B. bei einem Fragebogen mit unverständlichen Formulierungen der Fall. Wenn die Befragten in Folge dessen ihr Kreuzchen eher per Zufall als gezielt setzen, so sind die resultierenden Fragebogenergebnisse ziemlich unzuverlässig. Denn bei einem nochmaligen Einsatz des Bogens würde sich ein ganz anderes Bild ergeben.

Aber auch reproduzierbare und konstante Erhebungsergebnisse garantieren noch keine erfolgreiche Informationssammlung. Es kommt hier noch auf die Gültigkeit der Ergebnisse an. Die Gültigkeit bezieht sich darauf, dass wirklich das Merkmal gemessen wurde, das gemessen werden sollte.

Ein Beispiel ist ein Fragebogen über heikle Themen. Wenn die Befragten aufgrund von Vorbehalten nicht ihre wirkliche Meinung preisgeben, kann das Ergebnis zwar reproduzierbar (also zuverlässig) sein, aber nicht im geringsten gültig. Die wirkliche Meinung zum heiklen Thema wurde gar nicht erfasst.

Gütekriterien der Datenerhebung
- Praktische Aspekte:
  Die Datenerhebung sollte objektiv, vergleichbar, ökonomisch und (nicht zuletzt) nützlich sein
- Zuverlässigkeit:
  Ergebnisse sind stabil und reproduzierbar
- Gültigkeit:
  Wirkliches Merkmal wurde erfasst

Beim Einsatz von Datenerhebungsverfahren kommt es darauf an, diese Gütekriterien zu beachten, um wirklich brauchbare Ergebnisse zu produzieren. Wichtigstes Ziel bei der Informationsermittlung muss es daher sein, die wirkliche Ausprägung der in Frage stehenden Merkmale zu erfassen, also zuverlässige und gültige Ergebnisse zu ermitteln.

In den folgenden Abschnitten erfolgt ein kurzer Blick auf die wichtigsten Methoden der Datenerhebung in Organisationen. Einige Hinweise sollen helfen, Anwendungsfehler zu vermeiden, die dem Ziel, gültige und zuverlässige Informationen über die Organisation zu erheben, Steine in den Weg legen könnten.

In der empirischen Sozialforschung stehen vier Methoden der Datenerhebung zur Verfügung:

- Dokumentenanalyse
- Beobachtung
- Befragung
- Experiment

Ihre Anwendung auf die Datenerhebung in Organisationen stellt keine Besonderheit dar. Allerdings werden diese Methodentypen in der Organisationsforschung und -praxis wegen ihrer unterschiedlichen Anwendungsmöglichkeiten nicht gleich häufig verwendet. Die Dokumentenanalyse und die Befragung stehen an erster Stelle, wenn es um den Einsatz in und für Organisationen geht.

3.2 Dokumentenanalyse

Die Dokumentenanalyse ist die gebräuchlichste Datenerhebungstechnik in Organisationen. Im Grunde müssen wir alle Experten für Dokumentenanalyse sein, denn sie gehört zu unseren Alltagstätigkeiten. Wenn wir Berichte lesen, Quellen studieren und Zahlen vergleichen, betreiben wir im Grunde nichts anderes als die Analyse von Dokumenten. In der Wissenschaft hat dieser Begriff zwar eine etwas andere Dimension, da der Erkenntniszweck ein anderer ist. In Organisationen allerdings ist eine effiziente Tätigkeit ohne die Analyse von Dokumenten gar nicht möglich.

Der Begriff „Dokumente" ist in diesem Zusammenhang sehr allgemein zu verstehen. Dokumente sind alle Quellen, aus denen relevante Informationen abgeleitet werden können. Im normalen Organisationsalltag sind dies allerdings weder Felszeichnungen noch Tonbandaufnahmen, sondern meist schriftliches Material. Dokumentenanalyse bedeutet dann vorrangig die Auswertung von Texten oder Zahlenkolonnen. Und die Analyse solcher Quellen gehört ja zum täglichen Brot der Organisationstätigkeit. Es ist aber durchaus möglich, andere Medien zum Analyseobjekt zu machen. Ein Beispiel ist die Auswertung von Videoaufnahmen einer Überwachungskamera, um wiederholte Diebstähle zu rekonstruieren. Oder die Auswertung von Bildmaterial, wenn man bei der Suche

nach Informationen über aktuelle Trends der Werbung in der
eigenen Branche gezielt Werbeanzeigen unter die Lupe
nimmt.

Gegenstand einer Inhaltsanalyse sind also verschiedenste
Quellen. Vor Beginn der Analyse muss daher zunächst klar
festgelegt werden, um welche Dokumente es sich handeln
soll, wie weit der Kreis einzubeziehender Quellen also reicht.
In manchen Fällen kann das Quellenmaterial schon so um-
fangreich sein, dass an eine vollständige Auswertung aus zeitlichen und finanziellen Gründen kaum zu denken ist. Dies
muss allerdings kein Hindernis sein, denn es ist legitim, Dokumentenanalysen auch an Stichproben durchzuführen.
Wichtig für die Aussagekraft solcher Stichprobenauswertun-
gen ist allerdings, wie man die Stichprobe zusammenstellt.
Dafür gibt es zwei Möglichkeiten: die gezielte und die zufällige Stichprobenauswahl.

Gezielte Stichprobenauswahl

Für die gezielte Stichprobenauswahl kann es inhaltliche
Gründe geben. So kann eine Stichprobe ganz selektiv zusam-
mengestellt werden, wenn nur selektive Informationen von
Interesse sind. Z. B. wertet man aus Zeitgründen nicht alle
vorliegenden Marktberichte aus, sondern nur diejenigen, die
in letzter Zeit nach einschlägigen Messen veröffentlicht wurden – in der Erwartung, so zwar nicht alle, aber zumindest
die wichtigsten Trends zu erfassen. Klar muss bei einer gezielten Stichprobenauswahl allerdings sein, dass sie meist kein
repräsentatives Bild des gesamten Quellenmaterials abgibt.
Bei der Interpretation der Daten muss dies beachtet werden.
Weiterführende Aussagen über eine Grundgesamtheit vorliegender Quellen sind mit Vorsicht zu genießen.

Zufällige Stichprobenauswahl

Eher möglich ist dies bei einer zufälligen Stichprobenauswahl. Wer aus einer großen Menge an Quellen per Zufall eine Stichprobe zieht, vermeidet die Gefahr systematischer Verzerrungen, die bei einer bewussten Auswahl vorkommen. Auf diesem Weg ist es möglich, eine Stichprobe zu erhalten, die gewissermaßen ein kleines Abbild der Grundgesamtheit darstellt. Allerdings hängt es von statistischen Kennwerten ab, ob dann wirklich repräsentative Aussagen über die Grundgesamtheit möglich sind. Ist die Stichprobe beispielsweise zu klein, kann von ihr kaum auf die Gesamtheit geschlossen werden. Die Brauchbarkeit der erhobenen Stichprobendaten ist damit wieder fraglich.

Richtlinien für die Durchführung

Inhalt einer Dokumentenanalyse ist die systematische Erhebung und Auswertung der betreffenden Quellen. Eine solche Vorgehensweise muss notgedrungen immer selektiv sein, da nur ausgewählte Aspekte der Dokumente erfasst, während andere links liegen gelassen werden. Wichtig ist daher die vollständige und korrekte Erfassung der relevanten Gesichtspunkte. Insbesondere, wenn mehrere Personen mit der Erfassung und Auswertung des Materials beschäftigt sind, ist es wichtig, klare Richtlinien für die Aufzeichnung vorzugeben. Ist beispielsweise zweideutig, in welche Kategorie eine bestimmte Information gesteckt werden soll, wird es je nach Auffassung der Erhebungsperson unterschiedliche Ergebnisse geben. Und ob diese Ergebnisse zutreffen, ist dann mehr als fraglich. Oder anders gesagt: Die erhobenen Daten sind weder zuverlässig noch gültig.

Um klare Richtlinien für die Erfassung und Auswertung der
Daten zu sichern, ist eine intensive Einweisung des Erhe-
bungspersonals nötig. Hilfreich sind auch klar vorgegebene
Erhebungsbogen, in denen die Kategorien der Datenerfas-
sung unzweideutig aufgelistet sind. Aufgabe des Erhebungs-
personals ist es dann, das Material zu sichten und die Information in den entsprechenden Kategorien abzubilden. In einfacheren Fällen können solche Bogen wie Strichlisten geführt
werden. Der große Vorteil einer gut durchgeführten Dokumentenanalyse liegt darin, dass durch die Erhebung selbst
kein Einfluss auf das zugrunde liegende Datenmaterial aus-
geübt wird. Die Texte, Zahlensammlungen oder anderen
Quellen liegen ja schon vor und werden durch die Analyse
selbst nicht verändert. Bei einer Befragung oder Beobachtung
kann dies ganz anders sei. Dort hat der Erhebungsvorgang
u. U. selbst verfälschende Auswirkungen auf die Daten, wenn
z. B. Menschen durch die Befragung oder Beobachtung direkt
beeinflusst werden.

3.3   Beobachtung

Im Vergleich zur Dokumentenanalyse ist die Beobachtung für
die Tätigkeit in Organisationen eine eher weniger relevante
Datenerhebungsmethode. Es kommt nicht ganz so häufig vor,
dass sich Erhebungspersonal auf die Lauer legt, um Vorgänge und Abläufe zu beobachten. Dennoch stellen Beobachtungsverfahren auch in Organisationen eine wichtige Tätigkeit dar. Dies gilt nicht nur für Arbeitszeit- und Tätigkeits-
messungen im Rahmen von Akkordfestlegungen. Auch beispielsweise im Rahmen ergonomischer Studien und bei der
Verbesserung der Benutzerfreundlichkeit von Geräten in der
Produktion und beim Endverbraucher werden Beobach-
tungsstudien angestellt.

Gegenstand der Beobachtung ist die direkte Erfassung von Prozessen und Verhaltensabläufen. Ihr Vorteil ist die Unmittelbarkeit zum aufgetretenen Merkmal oder Vorgang. Man ist nicht auf Interviewauskünfte wie bei Befragung oder gute Quellen wie bei Dokumentenanalyse angewiesen, sondern besitzt unmittelbaren Zugang zu tatsächlichem Verhalten.

Hierin liegt allerdings auch eine Gefahr, denn unmittelbarer Zugang kann auch Verfälschungen auslösen. So ist es nicht ungewöhnlich, dass der Beobachtungsvorgang selbst das Beobachtungsobjekt beeinflusst. Wie wir wissen, neigen Menschen unter wissentlicher Beobachtung dazu, sich anders zu verhalten als im Normalfall. Sie reagieren auf den Beobachtungsvorgang. Im Fachjargon wird daher auch von „Reaktivität" gesprochen. Löst ein Beobachtungsvorgang ein hohes Maß an Reaktivität aus, so sind die Beobachtungsergebnisse meist wenig aussagekräftig.

Es gibt verschiedene Varianten der Beobachtung je nach Rolle der Erhebungsperson, Situation und Zielvorgaben der Beobachtung. Zum einen existiert eine Unterscheidung von Beobachtungsmethoden je nach *Rolle der Erhebungsperson*. Man differenziert hier zwischen teilnehmender und nichtteilnehmender Beobachtung. Bei einer teilnehmenden Beobachtung spielt die Erhebungsperson eine Rolle im Beobachtungsfeld. Bei einer nichtteilnehmenden Beobachtung steht sie außerhalb. Soll ein Abteilungsleiter bei seinen Rundgängen ungewöhnliche Vorgänge notieren, so beobachtet er teilnehmend. Tut er dies durch die Fensterfront vom gegenüberliegenden Gebäude aus, so handelt es sich um eine nichtteilnehmende Beobachtung.

Vorteil einer teilnehmenden Beobachtung ist, dass die Erhebungsperson durch die unmittelbare Nähe zum Gegenstand der Beobachtung mehr Informationen und ein besseres Gespür für deren Bedeutung erhält. Nachteilig ist aber, dass eine so starke Verquickung stattfindet, dass ein möglichst objektives Urteil schwer fällt. Besonders groß ist die Gefahr einer Beeinflussung der handelnden Personen bei einer teilnehmenden Beobachtung.

Des weiteren unterscheiden sich Beobachtungsverfahren hinsichtlich der Erkennbarkeit des Beobachtungsvorgangs. Man spricht hier von einer *offenen und verdeckten Beobachtung.* Bei einer offenen Beobachtung ist es für die beobachteten Personen klar ersichtlich, dass sie sich unter Beobachtung befinden. Bei einer verdeckten Beobachtung merken sie nichts davon. Der Vorteil einer verdeckten Beobachtung liegt auf der Hand: Vorgänge und Verhaltensweisen können unverfälscht erfasst werden. In manchen Fällen ist allerdings eine verdeckte Beobachtung schwer möglich oder moralisch fraglich. Organisationsmitglieder „im Geheimen" zu beobachten, kann einem Vertrauensverhältnis durchaus abträglich sein.

Auch die grundsätzliche Beobachtungssituation kann variieren. Man unterscheidet hier zwischen *Beobachtungen im „Feld"* und *im „Labor".* Diese Unterscheidung hat weniger mit Getreideanbau und chemischen Versuchen zu tun, sondern mit der Gestaltung der Beobachtungssituation. Feldbeobachtungen finden in einer natürlichen, alltäglichen Umgebung statt. Die Beobachtung von Arbeitsvorgängen in einer Produktionsabteilung ist ein Beispiel dafür.

Eine Beobachtung im „Labor" liegt vor, wenn sie in einer künstlich geschaffenen Situation stattfindet. Soll z. B. ein Teil der Arbeitsschritte in o. g. Abteilung genauer analysiert werden, so ist es auch denkbar, die konkrete Anordnung in einer gesonderten Räumlichkeit – dem „Labor" – nachzustellen. Der Vorteil ist dann, dass äußere Einflüsse besser abgeschirmt sind und eine klarere Konzentration auf das Beobachtungsobjekt erfolgt. Allerdings besteht die Gefahr, dass allzu künstliche Situationen auch künstliches Verhalten provozieren. Eine Übertragung der Beobachtungsergebnisse auf normale Organisationsprozesse erscheint dann fraglich.

Eine letzte Unterscheidung von Beobachtungsverfahren betrifft das Ausmaß der vorgegebenen *Strukturierung*. Hier geht es um die Frage, ob der Fokus auf einen bestimmten Ausschnitt von Merkmalen ausgerichtet ist oder weitgehend frei und offen Auffälligkeiten notiert werden können. Konkrete Zielvorgaben hinsichtlich der Beobachtung richten den Erhebungsvorgang auf die Gewinnung ganz spezieller Informationen aus. Sind die Zielvorgaben sehr weit gesteckt, eröffnen sich der beobachtenden Person größere Freiheiten. Diese Freiheit oder Einschränkung äußert sich z. B. an vorgegebenen Beobachtungskategorien. Bei starker Strukturierung der Beobachtung sind Themen mit klaren Beobachtungskategorien vorgegeben. Anderweitige Informationen sind irrelevant.

Interessiert man sich bei einer Beobachtung von Besucherinnen und Besuchern eines Messestands für deren Verhalten, so ist eine strukturierte oder weniger strukturierte Aufzeichnung möglich. Bei minimaler Strukturierung kann die beobachtende Person alles notieren, was ihr auffällt. Bei hoher Strukturierung muss sie sich auf bestimmte Verhaltensweisen konzentrieren (z. B. „Infobroschüre genommen", „Frage gestellt", „Werbespot angeschaut") und evtl. in Strichlisten abzeichnen.

Vorteile einer ausgeprägten Vorstrukturierung sind, dass die Erfassung schneller geht und sich die Ergebnisse mehrerer Beobachtungspersonen leichter vergleichen lassen. Auch die Auswertung der Aufzeichnungen fällt leichter, als wenn offene Beobachtungsergebnisse nachträglich erst einmal mühevoll geordnet werden müssen. Ein Nachteil ist allerdings, dass eine Vorstrukturierung das Erfahrungsfeld einschränkt. Wichtige Aspekte werden dann vielleicht nicht erfasst, weil man vorher nicht daran dachte, dass sie eine Rolle spielen könnten. Dies kann auch geschehen, wenn die vorgegebenen Beobachtungskategorien nicht ausreichen, zweideutig oder unzutreffend sind.

Insgesamt gesehen lässt sich eine Beobachtung hinsichtlich
der o. g. Kriterien sehr stark variieren und an viele Themen-
felder gut anpassen. Neben ihren Vorteilen weist sie aber
auch Nachteile auf. Empfehlenswert ist sie vor allem dann,
wenn es um Themen geht, die sich durch eine Befragung
schwer erschließen lassen. Will man mehr über die tatsächlichen Arbeitsabläufe in einer Produktionsabteilung wissen, so
wird man bei einer Befragung von zehn Arbeitern zehn mehr
oder minder verschiedene Schilderungen erhalten. Interessiert man sich für die bewussten und unbewussten Reaktionen von Besucherinnen und Besuchern eines Messestands, so
wird man diese Information nicht durch Interviews bekommen. Die Beobachtung eignet sich demnach für andere Fragestellungen als etwa die Befragung. Daher stehen Beobachtungsverfahren auch nicht an der Spitze der Datenerhebungsmethoden in Organisationen, spielen aber doch eine
nicht unerhebliche Rolle.

3.4 Befragung

Was wären die Sozialwissenschaften ohne Befragungen? Angesichts der Fülle an Studien, in denen Interview-Ergebnisse
eine zentrale Rolle spielen, ist die Befragung als Erhebungsmethode nicht mehr wegzudenken. Längst sind Befragungsergebnisse für ein breiteres Publikum zu einem Begriff geworden, wenn man Wahlprognosen oder regelmäßige De-
moskopie-Beiträge im Fernsehen wie das „Politbarometer" in
Betracht zieht. Markt- und Meinungsumfragen sind inzwi-
schen auch für Organisationen zu einer „normalen" und
wichtigen Informationsquelle geworden.

Im Grunde steht eine Befragung einer Beobachtung recht nahe. In beiden Fällen wird das Verhalten von Menschen für eine Auswertung aufgezeichnet. Im Falle der Befragung beschränkt sich die Protokollierung allerdings auf verbales Ver-

halten. Das ist einerseits etwas ungünstig, denn verbale Aussagen entsprechen nicht immer den tatsächlichen Handlungsweisen. Besser wäre es dann schon, die tatsächlichen Handlungen direkt beobachten zu können. In vielen Fällen ist das allerdings schwierig. Insbesondere, wenn es um Meinungen geht, gibt es keine günstigere Erhebungsmethode als die Befragung.

Hier setzt auch die Bedeutung für Organisationen an. Für Gesellschaften, Vereine, Parteien und Unternehmen kann es oft sehr wichtig sein, zu erfahren, was bestimmte Personengruppen zu bestimmten Themen denken. Und da man in Köpfe weiterhin nicht so recht hineinsehen kann, ist man auf den mittelbaren Weg der Befragung angewiesen. In Kapitel 2 wurde gezeigt, wie wichtig es für die Überprüfung von Prozessen in und um Organisationen ist, zutreffende Annahmen über das Verhalten relevanter Personengruppen zu machen. Die Leserinnen und Leser mögen sich hier nur an die Wirkung der Makroebene auf die Einzelpersonen und deren Handlungen erinnern (also die Schritte 1 und 2 im Mikro-Makro-Modell). Befragungen können helfen, solche Annahmen über Personen als korrekt zu bestätigen oder als falsch zu entlarven.

Vom inhaltlichen Ablauf her setzt eine Befragung einen verbalen Stimulus für die befragte Person. Meist sind dies Fragen mit der Bitte um Antworten. Eine Befragung kann daher nicht funktionieren ohne ein Mindestmaß an Kooperation seitens der Befragten. Offenbar geben Menschen nicht ungern Auskünfte, sonst hätte es nämlich die gängige Markt- und Meinungsforschung bedeutend schwerer. Befragungen wären ebenfalls zwecklos, wenn Menschen grundsätzlich nur lügen und betrügen. Befragungsergebnisse wären dann nämlich immer falsch (wer also Befragungen Glauben schenkt, muss zumindest ansatzweise ein positives Menschenbild haben). Eine große Herausforderung bei der Gestaltung von Befragungen ist es daher, alles dafür zu tun, dass die Befragten zutreffende Angaben machen bzw. ihre wahre Meinung mitteilen.

Vor der Durchführung einer Befragung steht allerdings die Frage nach dem „Wie?". Es gibt nämlich verschiedenste Formen von Befragungen. Sie unterscheiden sich nach dem Kontaktmedium und der Rolle der befragenden Person. Befragungen können z. B. schriftlich oder mündlich durchgeführt werden. Ist die Anonymität bei der Beantwortung wichtig, dürfte die schriftliche Befragung vorzuziehen sein. Eine Befragung kann aus offenen Fragen mit freien Antwortmöglichkeiten bestehen oder aus einem durchstrukturierten Fragebogen mit vorgegebenen Antwortkategorien. Letzterer lässt sich meist schneller ausfüllen und besser auswerten, grenzt aber die Antwortmöglichkeiten deutlich ein.

Je nach Kontaktmedium ist zwischen schriftlichen Befragungen, Telefoninterviews und Face-to-Face-Befragungen zu unterscheiden. *Face-to-Face* deutet an, dass sich befragende und befragte Person direkt gegenüberstehen. Dies hat Vorteile, denn so sind Unklarheiten leicht auszuräumen und nonverbale Reaktionen erfassbar. Allerdings muss darauf geachtet werden, dass dieser direkte Kontakt keine negative Wirkung auf das Befragtenverhalten ausübt. Bei den Fehlerquellen von Befragungen wird darauf noch näher eingegangen.

Bei *schriftlichen Befragungen* muss sich die befragte Person mit Papier auseinandersetzen. Papier ist bekanntlich geduldig, Menschen sind es hin und wieder nicht. Es fällt daher leichter, Befragte bei mündlichen Befragungen bei der Stange zu halten und zum Weitermachen zu bewegen, als bei schriftlichen Studien. Zusätzliche Nachteile tun sich auf, wenn die entsprechende Person mit schriftlichem Material Schwierigkeiten hat oder Verständnisprobleme auftauchen. Vorteilhaft ist allerdings, dass die Kosten für Interviewer gespart werden und die Befragten unbeeinflusst ihre Angaben machen können. Beispiele schriftlicher Befragungen sind das selbständige Ausfüllen eines Teilfragebogens im Rahmen eines mündlichen Interviews oder die postalische Befragung. Gerade an postalischen Umfragen ist allerdings zu sehen, dass diese Erhebungsform immer damit zu kämpfen hat, für einen ausreichenden Rücklauf an Fragebogen zu sorgen.

Telefoninterviews kennen ein solches Rücklaufproblem nicht. Telefonische Umfragen haben wegen ihrer Kostenvorteile in den vergangenen Jahrzehnten starken Zulauf erhalten. Mit relativ wenig organisatorischem Aufwand können Personen an unterschiedlichsten Standorten befragt werden. Verständnisprobleme sind sofort behebbar, allerdings dürfen Fragen und Antwortvorgaben nicht zu komplex sein, da ja Tabellen oder Texte als visuelle Unterstützung nicht vorgelegt werden können.

Neben schriftlichen Befragungen, Face-to-Face- und Telefoninterviews sind noch weitere Befragungsformen und -stituationen denkbar. So werden manche Befragungen in *Klassenraumsituationen* durchgeführt, was den Vorteil hat, Informationen von mehreren Personen gleichzeitig ermitteln zu können. In den vergangenen Jahren entwickelte sich mit *Internetbefragungen* eine neue Interviewform, die Kostenvorteile und eine gute Führung durch das Interview bietet.

Je nach Zielsetzungen finden in und für Organisationen alle möglichen Arten von Befragungen statt. Bei der Entscheidung für eine bestimmte Befragungsform sind deren verschiedene Vor- und Nachteile jeweils individuell abzuwägen. Marktforschungsinstitute führen ihre Produkttests an Konsumenten oft face-to-face durch, Kunden lassen sich recht gut per Telefon befragen, und der schriftliche Weg eignet sich gut für Mitgliederbefragungen. Generelle Aussagen über die Eignung bestimmter Befragungstypen sind allerdings schwierig, da es immer auf die spezielle Thematik ankommt. Eine Face-to-Face-Konsumentenbefragung ist bei Kondomen als Untersuchungsgegenstand manchmal doch nicht so günstig. Kunden am Telefon über ein kompliziertes Thema zu befragen, ist ebenfalls problematisch. Das gilt auch für eine schriftliche Mitgliederbefragung bei einer Belegschaft, die aus mehreren Nationalitäten mit geringen Deutschkenntnissen besteht.

Ein Beispiel für Überlegungen zur Wahl eines Befragungsverfahrens bietet unser Dienstleistungsunternehmen aus Kapitel 2. Die eingesetzte Arbeitsgruppe hatte sich für eine Belegschaftsbefragung entschieden. Wenn die Befürchtung besteht, dass die Mitarbeiterinnen und Mitarbeiter nur dann ehrliche Meinungen über das Unternehmen abgeben, wenn sie anonym bleiben, so ist zu einer schriftlichen Befragung zu raten. Der Fragebogen müsste dann allerdings klar und deutlich formuliert sein, denn Rückfragen sind ja kaum möglich. Es ist auch zu empfehlen, die Fragebogen möglichst im Betrieb ausfüllen zu lassen, da die Erfahrung lehrt, dass Fragebogen auf dem Weg nach Hause und zurück oft spurlos „verschwinden" – und so den Rücklauf verschlechtern. Und ein geringerer Rücklauf macht wiederum die Interpretation der Ergebnisse schwieriger.

Störeinflüsse

Überhaupt sollte bei der Konzeption einer Befragung alles dafür getan werden, dass Fehlerquellen ausgeschaltet werden. Störeinflüsse gibt es nämlich zuhauf. Solche Störungen verzerren die erfasste Antwort so, dass sie nicht mehr der tatsächlichen Sachlage oder Meinung entspricht. Störeinflüsse lassen sich unterscheiden in Merkmale der Befragten, der Fragen und der Situation (vgl. DIEKMANN 1995, S. 382ff.).

Verzerrende Befragtenmerkmale gehen von der befragten Person aus. Ein Beispiel dafür ist die *Orientierung an der „sozialen Erwünschtheit"*. Bei heiklen oder moralisch besetzten Themen neigen Befragte dazu, sozial erwünscht, also den moralischen Erwartungen entsprechend, zu antworten. Befragt ein Vorgesetzter abhängige Untergebene über sein Führungsverhalten, ist durchaus zu erwarten, dass die Befragten ihm Kritik nicht gerade um die Ohren hauen, auch wenn sie dazu vielleicht Lust hätten. Ein anderer Einfluss ist der „*Response-Set*". Erfahrungsgemäß neigen Befragte dazu, in Mustern zu antworten, z. B. in Form einer Zustimmungstendenz oder eines Ankreuzens von mittleren Kategorien bei Antwortvorgaben. Problematisch sind auch Meinungslose, wenn ihnen keine eigene Kategorie eingeräumt wird (z. B. „weiß nicht"), da sie sich dann zu willkürlichen Antworten gezwungen sehen, die wiederum das Ergebnis verfälschen.

Verzerrende Situationsmerkmale betreffen den Einfluss der Umgebung einer Befragungssituation, aber auch die Auswirkung der interviewenden und weiterer Personen. *Umgebungseinflüsse* wirken, wenn z. B. Lärm eine Passantenbefragung an einer Hauptverkehrsstraße erschwert. Es ist auch bedenkenswert, ob bei einer Belegschaftsbefragung nicht unterschiedliche Ergebnisse herauskommen, je nachdem ob die Arbeiterinnen und Arbeiter den Fragebogen unter Zeitdruck in einer Pause in der Werkhalle ausfüllen oder in entspannter Atmosphäre. Die *Anwesenheit Dritter* kann das Ergebnis beeinflussen, wenn z. B. beim Ausfüllen Meinungsführer ihre Ansichten laut kundtun oder andere beim Antworten zusehen oder zuhören. Ein wesentlicher Einfluss geht vom *Verhalten der interviewenden Person* aus. Durch besondere Betonungen bei der Fragenformulierung, durch Erläuterungen und durch nonverbale Reaktionen wird das Verhalten des Gegenüber beeinflusst. Eine gute Einweisung von Interviewerinnen und Interviewern sowie ein möglichst (wert-) neutrales Auftreten sind daher wichtige Voraussetzungen für eine erfolgreiche Befragung.

Verzerrende Fragenmerkmale beziehen sich auf den Stimulus der Befragung, also den *Fragebogen* oder die *Intervieweranweisungen*. Dies fängt schon bei der Gestaltung und beim

Aufbau eines Fragebogens an, geht über die Formulierung von Fragen bis zu den vorgegebenen Antwortkategorien. Ein sehr umfangreicher und unübersichtlicher Fragebogen kann bereits abschrecken.

Auch auf die Positionierung von Fragen kommt es an. Fragestellungen bekommen eine andere Färbung je nachdem, welche Themen vorher abgefragt wurden. Verschiedene Themen sollten daher in Blöcke zusammengefasst werden. Im Allgemeinen sollte darauf geachtet werden, dass ein Fragebogen mit einfacheren Fragen beginnt und in der Mitte zum Hauptthema kommt. Erfahrungen sprechen dafür, dass das Engagement der Interviewteilnehmer und -teilnehmerinnen einer Ermüdungs- und Motivationskurve folgt, die später immer mehr nach unten zeigt. Am Schluss sollten daher nicht die kompliziertesten Denkaufgaben verlangt werden. Ich rate daher zu einem möglichst kurzen und kompakten Fragebogen mit Routineaufgaben (z. B. persönliche Daten wie Alter, Geschlecht, Mitgliedschaftsdauer) am Schluss.

Bei einem standardisierten Fragebogen ist immer auch auf die *Antwortkategorien* zu achten. Vorgegebene Antworten erleichtern die Auswahl und später auch die Auswertung, allerdings schränken sie auch ein. Es ist daher dafür zu sorgen, dass alle Antwortmöglichkeiten auch wirklich durch die Kategorien erfasst werden. „Schmeckt Ihnen das Kantinenessen?" nur mit „Ja/Nein" beantworten zu lassen, birgt starke Verzerrungen. Was sollen Personen ankreuzen, die manchmal begeistert und manchmal unzufrieden sind? Was sollen Personen tun, die nie in der Kantine essen? Für solche Fälle wären Abstufungen („immer – meistens – teils, teils – selten – nie") und eine Kategorie für Meinungslose („weiß nicht" oder „gehe nie hin") sinnvoll.

Die vielleicht aufwändigste Tätigkeit im Vorfeld einer Befragung ist die *Formulierung von Fragen*. Eine veränderte Formulierung kann oft völlig andere Antworten provozieren.

Wichtig ist daher die Beachtung einer Reihe von Formulierungshinweisen. Grundsätzlich sollten die Fragen kurz, verständlich und präzise sein. Pro Frage kann stets nur eine Dimension angesprochen werden. Bei „Gehen Sie gern und häufig in unsere Kantine?" ist dies nicht der Fall: Gern hinzugehen ist etwas anderes als häufig hinzugehen. Diese beiden Dimensionen sollten daher in zwei unterschiedliche Fragen voneinander getrennt werden.

Die Formulierungen sollten auch nicht überlasten. Wenn die Befragten erst einmal überlegen müssen, was eigentlich gemeint ist, geht schon wertvolle Energie, Zeit und Motivation verloren. Erschwernisse wie doppelte Verneinungen, mehrdeutige Begriffe und ein Übermaß an Fremdwörtern sollten vermieden werden. Um ehrliche Meinungen und zutreffende Angaben zu ermöglichen, sollten neutrale Formulierungen anstelle von wertbesetzten Begriffen stehen. Suggestivfragen sollten daher ebenfalls nicht vorkommen.

Die Gestaltung einer Befragung ist demnach kein Kinderspiel. Das Ausdenken von Fragen gewährleistet noch lange kein brauchbares Ergebnis. Im Übrigen ist zu beachten, dass eine Befragung in der Praxis keine einseitige Geschichte des Gebens und Nehmens ist. Wer an einer Befragung teilnimmt, möchte dafür auch etwas erhalten. Die Erfahrung zeigt, dass dieses Bedürfnis nicht automatisch materieller Art sein muss. Kleine Geschenke und Entlohnungen vergrößern allerdings oft die Teilnahmebereitschaft und das Engagement.

Bei Kunden- oder Konsumentenbefragungen ist daher durchaus an solche Anreize zu denken. Oft reicht es aber schon aus, den Befragten Aufmerksamkeit zu widmen oder zu signalisieren, wie wichtig eine Beantwortung ist. Damit können allerdings auch Erwartungen geweckt werden. Wird eine Belegschaftsbefragung mit der Begründung anberaumt, aktuelle Probleme und Unzufriedenheiten auflösen zu wollen, dann sollten die Ergebnisse nicht still und heimlich in einer Schublade verschwinden. Ansonsten wird die Zufriedenheit der Belegschaftsmitglieder nicht gerade steigen. Und die nächste entsprechende Befragung wird hinsichtlich der Teilnahmebereitschaft und Auskunftsfreudigkeit auf erhebliche Probleme stoßen.

3.5 Experiment

Das Experiment ist im engeren Sinne keine eigenständige Datenerhebungsmethode. In Bezug auf die Art der Datenerhebung bringt es nämlich nichts Neues, denn bei einem Experiment wird entweder beobachtet oder befragt – und damit wären wir wieder bei den Erhebungstechniken Beobachtung und Befragung.

Dennoch wird dem Experiment meist ein gesonderter Platz neben den anderen Erhebungsverfahren eingeräumt, da es andere Qualitäten und Möglichkeiten birgt. Das Besondere am Experiment ist die bewusste Kontrolle von Ausgangsbedingungen und die gezielte Manipulation wichtiger Eigenschaften und Variablen. Experimentelle Forschung gehört daher nicht nur in den Naturwissenschaften zum Standardrepertoire. Auch den Sozialwissenschaften eröffnen Experimente vielfältige Möglichkeiten, gezielt Zusammenhänge zu testen. Vor allem für die Untersuchung menschlichen Verhaltens bietet es je nach Thema oft günstigere Bedingungen als Beobachtungen, die sehr viel Zeit kosten, oder Befragungen, bei denen die Auskunftsbereitschaft fraglich ist.

Charakteristisch für ein Experiment ist die bewusste Gestaltung und Kontrolle der Erhebungssituation. Eine bestimmte Situation wird hergestellt, um einen Stimulus für menschliches Verhalten zu setzen. Je besser es gelingt, Umgebungsbedingungen zu kontrollieren und äußere Einflüsse auszuschalten, desto eher ist eine Veränderung des Stimulus wirklich als Grund für Verhaltensänderungen anzusehen. In dieser Hinsicht unterscheiden sich Feld- und Laborexperiment. Ein Laborexperiment findet in einer künstlich geschaffenen Umwelt statt, die so gut von äußeren Einflüssen isoliert ist, dass die Kontrolle der Situation und damit die Messbedingungen optimal ausfallen. Nachteilig ist aber die Künstlichkeit der Situation, die in Frage stellt, ob realistische Handlungsbedingungen vorliegen, die eine Übertragung der Ergebnisse ins „wirkliche" Leben zulassen. Letzteren Vorzug hat demgegenüber das Feldexperiment, das in natürlicher Umgebung stattfindet. Allerdings fällt hier meist die Abschirmung von Störeinflüssen schwerer.

Auch in der Organisationsforschung ist das Experiment aufgrund seiner Vorzüge weit verbreitet. Das bekannteste Beispiel dafür liefern die berühmten Hawthorne-Experimente (vgl. KIESER & KUBICEK 1992, S. 40), bei denen mit Hilfe experimenteller Versuchsanordnungen u. a. die Auswirkung organisatorischer Gegebenheiten und Führungsstrukturen auf das Verhalten des Personals getestet wurde. Die Ergebnisse lieferten den Anstoss für die Entwicklung der Human-Relations-Theorie innerhalb der Organisationsforschung.

In der wissenschaftlichen Organisationsforschung sind Experimente also verbreitet und wichtig, doch in der Organisationspraxis äußerst selten. Wer spitzfindig ist, mag argumentieren, dass jede Veränderungsmaßnahme in einer Organisation auch ein Experiment darstellt. Doch als gezielt eingesetzte Datenerhebungsmethode kommen Experimente im Organisationsalltag äußerst selten vor.

Dies hat einerseits inhaltliche Gründe, da Fragestellungen in der Organisationspraxis meist weniger über Experimente zu klären sind. Andererseits gibt es auch ethische Aspekte, die dagegen sprechen. Es fällt sicher leichter, Organisationsmitglieder zu einer Befragung zu bewegen, als ihnen klar zu machen, dass man ihr Verhalten in Experimenten testen möchte. Als Methode der Datengewinnung weist das Experiment daher für Organisationen einige praktische Schwierigkeiten auf. Völlig undenkbar ist ihr Einsatz – je nach Fragestellung – allerdings nicht.

4 Organisationsanalyse im Detail

Die Analyse von Organisationen, Organisationsstrukturen und ihren Beziehungen zur Umwelt mit Hilfe des Mikro-Makro-Modells erweitert den Blick für größere Zusammenhänge des Organisationsgeschehens. Das Modell zeigt Beziehungen, Abhängigkeiten und Wirkungen auf. Es liefert allerdings keine Informationen oder Daten über die einzelnen Komponenten des Modells. Wer Informationen über Kunden, Organisationsmitglieder, Führungsstrukturen oder Konflikte erhalten möchte, muss mehr ins Detail gehen. Dafür ist es nötig, zu diesen Komponenten gezielt Informationen zusammenzutragen und auszuwerten. Das Mikro-Makro-Modell kann dann wiederum ein gedankliches Hilfsmittel sein, um die gesammelten Informationen miteinander zu verknüpfen und ein Gesamtbild entstehen zu lassen.

In den folgenden Abschnitten geht es um eine solche Organisationsanalyse im Detail. Ziel dieser Detailanalyse ist es, zu verschiedenen Komponenten des Organisationslebens Informationen zu sammeln. Gute praktische Anleitungen und Vorschläge zur Analyse von Organisationen liegen daher oft in Form von Arbeitsaufgaben und Checklisten vor (z. B. WEISBORD 1984, HELFRECHT 1999). Dadurch soll herausgearbeitet werden, wo Stärken, Mängel, Entwicklungspotenziale, Gefahren oder Unklarheiten liegen. Die Abschnitte sind daher in Form von Analyse- und Arbeitsaufgaben angelegt, die kapitelweise durch kurze Einleitungstexte eingeführt werden.

Bei der Bearbeitung sind verschiedene Vorgehensweisen möglich. Ich möchte sie hier zur Verdeutlichung mit den Begriffen „umfassende Analyse" und „spezielle Analyse" umschreiben. Eine *umfassende Analyse* ist bei dieser Unterscheidung eine möglichst vollständige Durcharbeitung sämtlicher Arbeitsaufgaben der nachfolgenden Abschnitte. Ziel ist

in diesem Fall ein möglichst umfassendes Bild der Organisation und ihrer wesentlichen Komponenten. Eine solche umfassende Analyse eignet sich als Datengrundlage und Ausgangspunkt einer neuen Strategiebestimmung oder grundle-
genden Reorganisation.

Für eine *spezielle Analyse* werden gezielt einige Kapitel aus-
gewählt, um eine spezifische Problematik oder Fragestellung
zu bearbeiten. Diese Vorgehensweise ist insbesondere für die
Untersuchung aktueller oder ganz gezielter Fragestellungen
empfehlenswert. Oft wird bei der Bearbeitung der ausgewählten Kapitel deutlich, dass doch noch weitere Komponenten in die Analyse einbezogen werden sollten, an die man
anfangs nicht so sehr dachte. Das ist kein Grund zu Selbst-
zweifeln - hieran zeigt sich lediglich die starke Vernetzung der
einzelnen Komponenten des Organisationslebens. In jedem
Fall würde ich empfehlen, das Kapitel „Zielsetzungen" bei einer speziellen Analyse zu berücksichtigen, da es hilft,
zunächst die Gedanken im Hinblick auf die spezielle Problematik und die Grundidee der Organisation zu ordnen.

Die nachfolgenden Abschnitte bieten eine Arbeitsgrundlage
für externe Berater sowie für Führungskräfte, die ihre Organisation analytisch erfassen wollen. Die Fragen und Arbeitsvorschläge weisen Beraterinnen und Beratern einen Weg
durch das Informationsdickicht einer Organisation. Formuliert sind die Fragen jeweils so, dass sie von Beratern an Organisationsmitglieder und Führungskräfte gerichtet oder von
diesen direkt selbst beantwortet werden können. Die so ge-
wonnenen Informationen und Daten dienen als Datengrundlage für Veränderungen.

Die gründliche Bearbeitung der Analysevorschläge kann so
eine praktische Hilfestellung bieten, die aufgetretenen
Schwierigkeiten in der Organisation aufzudecken und Ansatzpunkte für Veränderungen zu erlangen. Theoretische
Vorinformationen oder die Anhängerschaft einer bestimmten

Organisationstheorie sind keine Voraussetzungen. Einige Fragen nehmen allerdings Bezug auf das Mikro-Makro-Modell, daher wäre für diese Fragen eine vorherige Durchsicht von Kapitel 2 hilfreich.

4.1 Zielsetzungen

Auf der Suche nach einer Definition von Organisationen wurde in Kapitel 1 die Bedeutung von Zielen herausgestellt: Organisationen sind auf die Erreichung bestimmter Ziele und die Erfüllung spezifischer Zwecke ausgerichtet. Sowohl ihre Legitimation als auch ihr Erfolg lässt sich am Grad der Zielerfüllung messen. Dementsprechend gehört eine Betrachtung von Zielen immer zum Gegenstand einer Organisationsanalyse. Egal ob es um die allgemeine Analyse einer großen Organisation oder um die Detailanalyse eines konkreten Vorgangs geht – die Ziele und ihre Auswirkungen sollten immer unter die Lupe genommen werden.

Unklare Ziele sorgen für Verunsicherung und weitere Unklarheiten. So hält WEISBORD (1984, S. 28) fest: „Eine klare Definition der eigenen Geschäftsidee ist deshalb eine wertvolle Methode, der Unsicherheit aus der Umwelt entgegenzutreten". Denn Unsicherheit in der Umwelt kann zu Nachteilen führen. Wenn sich Kunden, (potenzielle) Neumitglieder oder allgemein die Öffentlichkeit im Unklaren darüber sind, was die Ziele und Handlungsmaximen einer Organisation sind, wird es schwer für diese Organisation, erfolgreich zu sein.

In Kapitel 2 wurde am Mikro-Makro-Modell gezeigt, wie wichtig es für den Erfolg einer Organisation ist, dass die Ziele der Mitglieder und die der Organisation möglichst stark übereinstimmen. Verfolgen die Mitglieder völlig andere Ziele, haben organisatorische Maßnahmen nie den gewünschten positiven Effekt. Wichtig ist es daher, die gemeinsamen Interessen zu betonen und Anreize für die Erfüllung von Organisationszielen zu setzen. Oft hapert es allerdings bei der Zielangleichung schon daran, dass Mitarbeiter gar nicht so genau über die Ziele der Organisation Bescheid wissen, oder diese Ziele nicht besonders im Vordergrund stehen bei der täglichen Arbeit. Die Schaffung eines Wir-Gefühls, einer Organisationskultur oder einer Corporate Identity waren stets Versuche, solche Zielangleichungen zu erreichen.

Was sind also die Ziele der Organisation, und wie gut werden diese Ziele nach innen und außen dargestellt? Doch bevor Sie zur Betrachtung allgemeiner Ziele schreiten, sollten Sie zunächst ein paar andere Ziele klären. Wichtig für den Erfolg eines Studiums der nachfolgenden Kapitel ist nämlich das Ziel, das Sie damit verfolgen. Warum beschäftigen Sie sich mit Organisationsanalyse, was wollen Sie damit konkret erreichen? Ordnen Sie daher zunächst hierzu Ihre Gedanken. Der nachfolgende Abschnitt soll Ihnen dabei helfen, ehe es zu den allgemeinen Zielen der Organisation geht.

Zielanalyse I: Analyse von Organisationen

Bei der Organisationsanalyse geht es um die Informationssammlung zu den Strukturen und Beziehungen in und um Organisationen. Organisationsanalyse hat daher einen starken Bezug zu abteilungsübergreifenden Analysetätigkeiten in Organisationen, wie sie etwa Planung, Controlling oder ganz allgemein die Geschäftsführung ausüben. Wer Organisationsanalyse betreibt, kann daher stets auf konkrete Erfahrungen zurückgreifen, die in einem mehr oder weniger engen Zusammenhang mit dem Kern einer Organisationsanalyse stehen.

1. Haben Sie schon Erfahrungen mit Organisationsanalyse?

   _____

   _____

2. Um welche Fragestellungen ging es dabei?

   _____

   _____

3. Was war dabei das Ziel Ihrer Analysetätigkeit?

   _____

   _____

4. Würden Sie diese Erfahrungen als positiv oder eher problematisch bezeichnen? Warum?

   _____

   _____

5. Gibt es einen aktuellen Anlass dafür, dass Sie sich gerade jetzt mit Organisationsanalyse beschäftigen?

   _____

   _____

6. Welches Ziel soll aktuell mit der Organisationsanalyse erreicht werden? Bitte beschränken Sie Ihre Antwort auf die Ergebnisse der Analyse – nicht auf weiterführende Ziele wie Organisations- oder Strategieentwicklung. Formulieren Sie hier Ihr letztendliches Ziel dafür, dass Sie sich jetzt mit Organisationsanalyse beschäftigen.

   _____

   _____

7. Lassen sich für dieses letztendliche Ziel Etappen oder Zwischenziele formulieren, die zuvor erreicht werden können oder sogar müssen?

   _____

   _____

8. Existieren zeitliche Vorgaben für die Erreichung des letztendlichen Ziels der Organisationsanalyse? Bis wann soll sie abgeschlossen sein?

_____

_____

9. Wieviel Zeit nehmen die einzelnen Tätigkeiten voraussichtlich in Anspruch, die zur Erfüllung der Etappen oder Zwischenziele notwendig sind? Haben Sie bei der Berechnung zeitliche Puffer für unerwartete Verzögerungen eingebaut?

_____

_____

10. Bitte fassen Sie die Punkte 6 bis 9 in nachfolgender Tabelle zusammen: Notieren Sie Ausgangspunkt, Zwischenziele und letztendliche Ziele der aktuellen Organisationsanalyse und jeweils deren zeitliche Vorgaben. Beurteilen Sie: Ist die zeitliche Berechnung realistisch? Bitte korrigieren Sie, falls Sie schon jetzt Zweifel haben.

Ausgangspunkt/ Problemstellung	Zwischen- ziele	Zu er- reichen bis	Letztendliche Ziele	Zu er- reichen bis

Zielanalyse II: Bestimmung von Grundideen

Bei der Organisationsanalyse werden immer eigene Ideen und Überzeugungen über Organisationen eine Rolle spielen. Das ist auch gut so, da auf diesem Weg Erfahrungen und neue Erkenntnisse verknüpft werden können. Rekapitulieren Sie nochmals (oder erstmals?) einige Grundideen, die Sie im Kopf haben, wenn Sie sich mit Organisationen und Handeln in Organisationen beschäftigen.

1. Stehen Sie einer bestimmten Organisations- oder Führungstheorie nahe? Welcher?

_____

_____

2. Haben Sie weitere Ideen oder Auffassungen über das Funktionieren von Organisationen, auch wenn diese Meinung nicht unbedingt einer gewichtigen Theorie entstammt? Nennen Sie ein paar solcher Ideen:

_____

_____

3. Wenn Sie Ihre Auffassungen über Organisationen betrachten – wurden diese vorrangig von eigenen Erfahrungen geprägt oder stammen viele dieser Überzeugungen aus der beruflichen Ausbildung, dem Studium, Fortbildungen o. ä.?

_____

_____

4. Zeichnen Sie ein Mikro-Makro-Schema auf. Überlegen Sie, an welchen Stellen des Modells Ihre oben notierten Auffassungen über Organisationen und deren Funktionieren ansetzen. Sind Wirkungen von Strukturen auf handelnde Personen einbezogen? Geht es um Handlungen? Welche Auswirkungen folgen auf der Makroebene?

5. Wo entdecken Sie Lücken bei Ihren Auffassungen innerhalb des Mikro-Makro-Modells?

_____

_____

6. An welchen Punkten des Mikro-Makro-Modells verspüren Sie ein Interesse, mehr über Organisationen oder Handeln in Organisationen zu lernen?

_____

_____

7. An welchen Punkten des Mikro-Makro-Modells vermuten Sie, dass die Erhebung von Daten und Informationen nötig sein wird?

_____

_____

Zielanalyse III: Bestimmung der Organisation

Wenn Sie sich über Ziele einer Organisationsanalyse Gedanken machen, sollten Sie zunächst die eigentliche Organisation in den Mittelpunkt der Betrachtung rücken. Welche Organisation soll eigentlich untersucht werden? Lässt sie sich gut abgrenzen oder tun sich schon hierbei Schwierigkeiten auf, die Analysetätigkeiten später erschweren könnten?

1. Nennen Sie Name oder Bezeichnung der Organisation, die Sie untersuchen möchten.

_____

_____

2. Ist diese Organisation Teil einer größeren Organisation (also Abteilung, Tochter, Niederlassung o. ä.)?

_____

_____

3. Ihre Organisation ist also Teil oder nicht Teil einer größeren Einheit. Hat dies Auswirkung in Bezug auf Handlungsmöglichkeiten, Handlungsfreiheiten, finanzielle Spielräume o. ä.?

_____

_____

4. Wie viele Personen sind in Ihrer Organisation tätig?

_____

_____

5. Ist diese Anzahl von Personen für Sie so überschaubar, dass sie im Rahmen einer Organisationsanalyse zu bewältigen ist? Wenn nein – bitte überlegen Sie, ob die Analyse (zunächst) nicht auf eine kleinere Einheit begrenzt werden kann.

_____

_____

6. Lassen sich diese Personen in Gruppen einteilen? Nach welchem Kriterium?

_____

_____

7. Was ist Ihre Rolle in dieser Organisation?

_____

_____

8. Denken Sie an die Grenzen der Organisation. Nennen Sie Bereiche, in denen die Abgrenzung zur Umwelt klar und deutlich vorzunehmen ist (z. B. bei der Belegschaft, bei der räumlichen Verteilung).

_____

_____

9. Nennen Sie jetzt Bereiche, in denen diese Abgrenzung weniger deutlich ist oder sogar schwerfällt.

_____

_____

10. Wie könnten sich diese Abgrenzungsschwierigkeiten auf die Organisationsanalyse und deren Umsetzung auswirken?

_____

_____

11. Die Setzung von Grenzen gerade im Bereich von Organisationen ist oft sehr willkürlich, aber hilfreich. Dies gilt auch für die Organisationsanalyse. Überlegen Sie sich, ob Sie an schwierigen Stellen der Grenzziehung nicht doch mehr Klarheit für die Analyse schaffen könnten, indem Sie sich für eindeutigere Grenzen entscheiden: Durch das bewusste Einbeziehen oder Weglassen bestimmter Aspekte und Gegebenheiten. Welche könnten dies in Ihrem Fall sein?

_____

_____

Zielanalyse IV: Bestimmung der Ziele

Für die Ausführung von Tätigkeiten sind Zielvorgaben wichtig, um ein effizientes Vorgehen zu gewährleisten. Dies gilt auch für Organisationsanalysen. Daher ist es wichtig, die Ziele einer Organisationsanalyse klarzustellen und diese Ziele in Relation zu den Möglichkeiten zu setzen. Dabei zeigt sich auch die grundlegende Bedeutung der allgemeinen Organisationsziele. Unklare Organisationsziele erleichtern nicht gerade die Tätigkeit von Mitgliedern und erschweren externen Personengruppen die Orientierung. Hier können schon einfache Maßnahmen für mehr Zielklarheit sorgen.

1. Was sind aus *Ihrer* Sicht die Ziele Ihrer Organisation? Machen Sie möglichst präzise Angaben.

_____

2. Was sind aus der Sicht der Organisationsmitglieder, also z. B. der Mitarbeiterinnen und Mitarbeiter, die Ziele Ihrer Organisation? (Wenn Sie dazu keine eindeutigen Informationen haben, bitte schätzen Sie – außerdem hätten

Sie dann schon mal ein Thema für eine Mitgliederbefragung ...)

_____

_____

3. Und was sind die vermeintlichen Ziele Ihrer Organisation aus der Sicht externer Personengruppen wie Kunden, Konkurrenten und Lieferanten? (Anmerkung siehe vorherige Frage)

_____

_____

4. Existieren schriftlich festgelegte Ziele der Organisation? Nennen Sie schriftliche Dokumente, in denen diese Ziele verzeichnet sind.

_____

_____

5. Wie handlungsrelevant sind diese Dokumente? Sind sie eher abgelegtes „geduldiges Papier" oder spielen sie eine Rolle in der täglichen Arbeit?

_____

_____

6. Formulieren Sie die Organisationsziele, die diesen Dokumenten zufolge gelten.

_____

_____

7. Rekapitulieren Sie, welche Organisationsziele in schriftlichen Dokumenten, aus Mitgliedersicht, aus externer Perspektive und aus Ihrer Sicht gelten. Zeigen sich hier deutliche Diskrepanzen oder sind die Auffassungen alle deckungsgleich?

_____

_____

8. Können sich solche Diskrepanzen auf den Erfolg der Organisation auswirken? Wie?

_____

_____

9. Was können Sie tun, um solche Diskrepanzen abzubauen?

_____

_____

10. Welche Gegebenheiten oder Vorgänge in der Organisation widersprechen den offiziellen Zielen?

_____

_____

11. Wie können diese Widersprüche aufgelöst werden?

_____

_____

12. Was können Sie tun, um allgemein die Zielklarheit Ihrer Organisation zu stärken?

_____

_____

13. Welche Beziehung besteht zwischen den Zielen der Organisation und den Zielen relevanter Gruppen wie Mitglieder, Kunden, Lieferanten? Zeigen sich hier Übereinstimmungen oder starke Konflikte?

Gruppe	Ziel	Übereinstimmung/Konflikt

14. Welche Maßnahmen sind denkbar, mit denen sich Übereinstimmungen stärken und Konflikte abmildern lassen?

_____

_____

15. Existiert für die Entwicklung Ihrer Organisation ein (Gesamt-)Konzept? Wenn ja: wie würden Sie es zusammenfassen?

_____

_____

16. Würden Sie sagen, für Ihre Organisation gibt es klare Entwicklungsaussichten in Form einer Vision? Wenn ja: wie wird mit dieser Vision umgegangen?

_____

_____

4.2 Globale Umwelt

Organisationen sind einerseits offene Systeme, die den Austausch mit der Umwelt benötigen. Andererseits brauchen Sie eine Abgrenzung zu dieser Umwelt, um die eigene Identität und Existenz zu bewahren (vgl. SCOTT 1986, S. 246). Es ist aber oft nicht so leicht, eine Organisation gegenüber ihrer Umwelt abzugrenzen. Eine Definition, was noch zur Organisation gehört und was nicht, hat daher oft etwas Willkürliches.

Eine Organisationsanalyse wird in der Praxis allerdings nie gemacht, damit man sich hinterher über eine schöne Definition der Organisation und ihrer Grenzen freuen kann. Es geht um praktisch verwertbare Erkenntnisse. Aus diesem Grund ist es nicht nur normal, sondern sogar wichtig, Organisationsgrenzen so zu setzen, dass sie praktisch handhabbar sind.

Geht es z. B. um die Betrachtung einer Unternehmensabteilung, so sollten diejenigen Bereiche in die Analyse einbezogen
werden, die absolut relevant sind. Dabei können auch Teil-
strukturen vernachlässigt werden, die rein formal zur Abteilung dazu gehören.

Globale Umweltanalyse I: Organisationsgrenzen

Die Grenzziehung zwischen eigentlicher Organisation und
„Umwelt" ist also willkürlich und von der Problemstellung
abhängig. Vergegenwärtigen Sie sich: Was genau ist die Organisation, der die Analyse gelten soll? Es geht hier nicht um
eine formale Definition. Daher kann sich Ihre Organisationsanalyse auch auf einen Teil einer größeren Organisation
beziehen. Es sollte allerdings möglich sein, Abläufe, Strukturen und Tätigkeiten der zu analysierenden Organisation von
Abläufen, Strukturen und Tätigkeiten der Umwelt zu unterscheiden. Dies ist für Eingriffsmöglichkeiten von großer Bedeutung.

1. Benennen Sie möglichst genau die Organisation, Abteilung
   oder Untergliederung, die Ziel der Organisationsanalyse
   sein soll.

   _____

   _____

2. Zeigen sich Schwierigkeiten bei der abgrenzenden Benennung? Warum?

   _____

   _____

3. Die betrachtete Organisation kann Teil einer übergeordneten größeren Organisation sein. Ist dies der Fall? Wenn
   ja, dann nennen Sie einerseits Teile der übergeordneten Organisation, die zur betrachteten Organisation gehören und

andererseits Teile, die eindeutig nicht dazu gehören. Gibt
es Bereiche, bei denen eine klare Zuordnung schwerfällt?

Gehört dazu:	Gehört nicht dazu:	Zuordnung schwierig:

4. Gibt es Bereiche in der übergeordneten Organisation, die
   für Ihre betrachtete Organisation von besonders großer Bedeutung sind? Wie groß ist Ihr Einfluss auf diese Bereiche?

   _____

   _____

5. Gibt es weitere Strukturen oder Personen, die weit in die
   Organisation hineinreichen, aber eigentlich doch nicht zur
   Organisation selbst gehören? Wie groß ist Ihr Einfluss auf
   diese Strukturen und Personen?

   _____

   _____

6. Lenken Sie Ihre Aufmerksamkeit auf das Personal der betrachteten Organisation. Nennen Sie die Personen- bzw.
   Tätigkeitsgruppen, deren jeweilige Anzahl und Aufgaben-
   gebiete.

Personengruppe	Anzahl Personen	Aufgabengebiet

7. Spätestens wenn Sie in der vorigen Frage auf insgesamt
   rund 200 Personen oder mehr kommen, könnte eine Organisationsanalyse äußerst komplex und unübersichtlich
   werden. Können Sie Ihre Fragestellung und damit den Or-
   ganisationsbereich eingrenzen?

   _____

   _____

Globale Umweltanalyse II:
Bereiche der globalen Umwelt

Als „Umwelt" lassen sich Bereiche und Einflüsse bezeichnen,
die außerhalb der Organisation liegen. Manches in dieser
Umwelt ist relevant, manches irrelevant für die Aufgabener-
füllung einer Organisation. Betrachten Sie Einflüsse der wirtschaftlichen, gesellschaftlichen, politischen und technologischen Bedingungen. Von welchen hängt Ihre Organisation besonders stark ab?

1. Trennen Sie zunächst relevante von irrelevanten Umwelt-
   einflüssen. Nennen Sie Beispiele, die für Ihre Organisation
   zur relevanten Umwelt gehören, und andere Beispiele, die
   zur irrelevanten Umwelt zu zählen sind. Fällt die Einteilung
   leicht?

   _____

   _____

2. Die Unterscheidung von aufgabenspezifischer und globa-
   ler Umwelt bezieht sich auf die unmittelbare Nähe zur ge-
   schäftlichen oder operativen Tätigkeit einer Organisation,
   ist aber dennoch recht willkürlich. Nennen Sie Bereiche
   und Faktoren, die aus Ihrer Sicht zur aufgabenspezifischen
   Umwelt gehören, sowie einige, die zur globalen Umwelt
   gehören.

   _____

   _____

3. Betrachten Sie die wirtschaftliche Umwelt. Welche wirtschaftlichen Bedingungen sind wichtig für Ihre Organisation? Nennen Sie Beispiele.

_____

_____

4. Betrachten Sie nun die technologischen Umweltbedingungen. Welche technologischen Voraussetzungen, Möglichkeiten und Trends sind sehr wichtig für Ihre Organisation? Nennen Sie wieder Beispiele.

_____

_____

5. Auch die Politik gehört fast immer zu den relevanten Umweltfaktoren. Welche politischen Bedingungen sind wichtig für Ihre Organisation?

_____

_____

6. Schließlich geht es noch um die allgemeine gesellschaftliche Umwelt. Welche gesellschaftlichen Bedingungen sind für den Erfolg Ihrer Organisation wichtig?

_____

_____

7. Betrachten Sie nun das allgemeine Tätigkeitsgebiet Ihrer Organisation oder eine geplante Änderung der Organisationsausrichtung bzw. -tätigkeit. Welche Auswirkungen können hier die wirtschaftlichen, technologischen, politischen und gesellschaftlichen Bedingungen haben? Suchen Sie förderliche und problematische Auswirkungen.

Bedingung	Förderlich	Problematisch
Wirtschaftlich		
Technologisch		
Politisch		
Gesellschaftlich		

8. Umweltbedingungen sind nicht grundsätzlich starr und unveränderlich. Organisationen können diese Bedingungen in gewissen Grenzen auch beeinflussen und gestalten. Welche Maßnahmen können Sie ergreifen, um bessere Umweltbedingungen oder -beziehungen zu schaffen? Sind diese Maßnahmen praktikabel?

Bedingung	Maßnahmen
Wirtschaftlich	
Technologisch	
Politisch	
Gesellschaftlich	

9. Es gibt viele Möglichkeiten, dass eine Organisationen mit den verschiedenen Umweltfaktoren in Kontakt kommt – von der Datensammlung und -auswertung bis hin zu Aufbau und Pflege von Beziehungen. An welchen Stellen in Ihrer Organisation tritt man mit den verschiedenen Umweltbedingungen und -faktoren in Kontakt?

Bedingung	Kontaktstelle in der Organisation
Wirtschaftlich	
Technologisch	
Politisch	
Gesellschaftlich	

10. Haben Sie als Antwort in der vorigen Frage eine große Anzahl von Kontaktstellen genannt? Wie werden diese Kontaktstellen koordiniert? Ist es möglich, hier noch besser zu koordinieren, um Informationen von außen noch günstiger zu verarbeiten und Aktivitäten nach außen zielgerichteter zu lenken?

Globale Umweltanalyse III: Öffentliche Meinung

Im Informationszeitalter kommt der öffentlichen Meinung eine wesentliche Rolle zu. Organisationen können es sich heutzutage kaum mehr leisten, in der Öffentlichkeit ein schlechtes Bild abzugeben. Nicht nur große Unternehmen, Parteien oder Fußballvereine engagieren sich daher in der Imagepflege, betreiben Öffentlichkeitsarbeit, verschicken Pressemitteilungen und veranstalten Pressekonferenzen. Wie steht die Organisation in der Öffentlichkeit da? Wie wichtig ist für die Organisation die öffentliche Meinung? Was wird für die Imagepflege getan?

1. Wie wichtig ist die öffentliche Meinung für den Erfolg Ihrer Organisation?

   _____

   _____

2. Schätzen Sie: Wie wohlwollend ist die öffentliche Meinung Ihrer Organisation gegenüber, wenn Sie eine Skala von 1 (sehr wohlwollend) bis 5 (sehr ablehnend) anwenden?

   _____

   _____

3. Wie sicher sind Sie sich in Bezug auf Ihre Schätzung in der vorigen Frage? Stehen Ihnen zuverlässige Datenquellen zur Verfügung?

   _____

   _____

4. Könnten Sie neue Datenquellen erschließen – von Meinungsumfragen bis hin zu Expertengesprächen?

   _____

   _____

5. Nennen Sie Gesichtspunkte, bei denen Ihre Organisation in der Öffentlichkeit ein positives Bild abgibt.

   _____

   _____

6. Nennen Sie nun Gesichtspunkte, bei denen Ihre Organisation in der Öffentlichkeit ein eher negatives Bild abgibt.

   _____

   _____

7. Welche Möglichkeiten gibt es, um positive Aspekte in der
   öffentlichen Meinung zu fördern und negative Aspekte
   aufzulösen oder abzumildern?

   _____

   _____

8. Steht die Informationspolitik Ihrer Organisation voll im
   Dienst des Ziels der vorigen Frage?

   _____

   _____

9. Gibt es feste Ansprechpartner, Verantwortliche und Kon-
   zepte für die Pressearbeit?

   _____

   _____

10. Gibt es in Ihrer Organisation einen Unterschied zwischen
    (Produkt- bzw. Leistungs-) Werbung und Pressearbeit?
    Wo liegt er?

    _____

    _____

11. Sind beide Bereiche gut koordiniert? Gibt es Verbesse-
    rungsmöglichkeiten?

    _____

    _____

12. Kann ein lokales oder überregionales Engagement Ihrer
    Organisation von Vorteil sein? Denken Sie an Förder-
    maßnahmen, Sponsoring usw.

    _____

    _____

4.3   Aufgabenspezifische Umwelt

Die aufgabenspezifische Umwelt gehört zum unmittelbaren Kernbereich der Organisationsaktivitäten. Man kann sie daher auch als Wettbewerbsumfeld oder operative Umwelt bezeichnen. Im Sinne einer Input-Output-Betrachtung versteht man darunter insbesondere Lieferanten und Kunden. KREIL-KAMP (1987) unterscheidet daher zwischen der kundenorientierten Marktanalyse und der zuliefererorientierten Lieferantenanalyse. Lieferanten bestimmen mit Ihrer Kooperationsbereitschaft und Leistungsfähigkeit wesentlich mit, welcher Input zustande kommt. Kunden oder Abnehmer sind die letztlich entscheidenden Personengruppen für den Erfolg der Organisationstätigkeit und -angebote. Zur aufgabenspezifischen Umwelt gehören allerdings noch weitere Gruppen wie Konkurrenten, Kapitalgeber oder Anteilseigner (vgl. DÄFLER 1999, S. 64ff.).

Wichtig für den Erfolg einer Organisation sind funktionierende Kontakte innerhalb dieser aufgabenspezifischen Umwelt. Dabei kommt kooperativen Beziehungen eine wesentliche Rolle zu. Unter Kooperation lassen sich ganz allgemein alle Formen der Zusammenarbeit und des wechselseitig vorteilhaften Austauschs verstehen. Kooperative Beziehungen sollten daher angestrebt und gepflegt werden. Andererseits treten unweigerlich Konflikte mit Akteuren der aufgabenspezifischen Umwelt auf (u. U. auch mit Kooperationspartnern). In diesen Fällen sollten Handlungswege zur Verfügung stehen, solche Konflikte zu bewältigen.

Spezifische Umweltanalyse I: Kunden

Die Tätigkeit jeder Organisation ist auf Kunden, Klienten, Mandanten oder andere Leistungsabnehmer hin orientiert. Im Folgenden werden diese Gruppen vereinfacht als „Kunden" bezeichnet. Dies können andere Organisationen, Einzelpersonen oder auch Endverbraucher sein. Daher ist es wichtig, Kundenwünsche zu kennen und optimal zu bedienen (vgl. auch LETTAU 1999). Wie gut sind hier die Kenntnisse und Vorgehensweisen? Stellt die Organisation ihre Stärken in den Vordergrund, oder hofft sie, dass sie von ihren Kunden selbst gefunden werden?

1. Was ist die Zielgruppe Ihrer Organisation? Wer sind Ihre Kunden?

   _____

   _____

2. Handelt es sich bei Ihren Kunden um eine Gruppe mit homogenen, vergleichbaren oder eher sehr unterschiedlichen Bedürfnissen?

   _____

   _____

3. Welche Auswirkungen hat diese Bedürfnishomogenität bzw. -heterogenität auf Ihr Angebot?

   _____

   _____

4. Wie gut kennen Sie die Wünsche Ihrer Kunden? Woher stammt Ihre Information darüber?

   _____

   _____

5. Wie lässt sich Ihre Information über Kundenwünsche verbessern? Ist eine Kundenbefragung denkbar?

   _____

   _____

6. Wie differenziert und variabel ist Ihr Leistungsangebot in Bezug auf die Kundenwünsche?

   _____

   _____

7. Wie schnell funktioniert die Leistungserstellung bzw. Lieferung?

_____

_____

8. Lässt sich diese Geschwindigkeit noch erhöhen? Wie?

_____

_____

9. Wo geht Ihre Organisation beim Service bzw. bei der Leistungserstellung über das „Normale" hinaus?

_____

_____

10. Nennen Sie wichtige Bedürfnisse und Wünsche Ihrer Kunden. Wie gut werden diese Wünsche durch Ihre Organisation bedient? Wo liegen Verbesserungspotenziale?

Kundenwünsche	Erfüllungsgrad	Verbesserungsmöglichkeit

11. Gibt es wichtige Kundenwünsche, deren Erfüllung für Ihre Organisation wichtig wäre, die durch Ihr Leistungsangebot aber grundsätzlich nicht bedient werden?

_____

_____

12. Ist es möglich und effizient, das Leistungsangebot so zu erweitern, dass diese Kundenwünsche bedient werden?

_____

_____

13. Würden Sie Ihre Organisation als kundennah bezeichnen? Begründen Sie bitte Ihr Urteil.

_____

_____

14. Wie lässt sich die Kundennähe verbessern?

_____

_____

15. Haben die Mitarbeiterinnen und Mitarbeiter Ihrer Organisation klare Anweisungen für die Gestaltung von Kundenkontakten (von der Freundlichkeit bis hin zu bestimmten Vorgehensweisen)?

_____

_____

16. Wie ansprechend ist das Auftreten Ihrer Organisation gegenüber Kunden? Denken Sie an Aspekte wie Broschüren, Werbeanzeigen, Internet-Präsentationen, aber auch den räumlichen Eingangs- und Empfangsbereich Ihrer Niederlassung.

_____

_____

17. Gibt es klare Zuständigkeiten für die Bearbeitung von Kundenwünschen, -kontakten, -reklamationen, -beratungen usw.?

_____

_____

18. Welchen Weg nimmt eine Kundenkritik bzw. -reklamation? Erfolgt eine Rückmeldung an den Kunden?

_____

_____

19. Wie vermitteln Sie Ihren Kunden Informationen über Ihre Organisation?

_____

_____

20. Halten Sie die Information, die Sie Ihren Kunden vermitteln, für hinreichend und gut? Wo gibt es Verbesserungsmöglichkeiten?

_____

_____

21. Was halten Sie für Ihre größte Schwäche aus Kundensicht?

_____

_____

22. Ist diese Schwäche sehr relevant? Wie lässt sie sich aufheben?

_____

_____

23. Was halten Sie für Ihre größte Stärke aus Kundensicht?

_____

_____

24. Gehört diese größte Stärke zum Selbstbewusstsein Ihrer Organisation? Was können Sie tun, um dafür zu sorgen bzw. dies zu bekräftigen?

_____

_____

25. Wird diese größte Stärke den Kunden gegenüber kommuniziert und betont? Was können Sie hier tun, um dafür zu sorgen bzw. dies zu bekräftigen?

_____

_____

26. Was können Sie tun, um bei dieser Stärke führend zu bleiben bzw. noch besser zu werden?

_____

_____

27. Welche Bereiche können Sie noch zu herausragenden Stärken ausbauen?

_____

_____

28. Was ist dafür nötig?

_____

_____

Spezifische Umweltanalyse II: Lieferanten

Ohne gute Leistungen der Lieferanten wird jede Organisation Schwierigkeiten haben, selbst ein attraktives Leistungsangebot zu bieten. Wie sind die Lieferbeziehungen beschaffen? Wie zufrieden ist die Organisation mit ihren Lieferanten?

1. Hat Ihre Organisation eher wechselnde oder eher feste Lieferanten?

_____

_____

2. Was sind aus Ihrer Sicht die Vorteile wechselnder bzw. fester Lieferbeziehungen?

_____

_____

3. Wie würden Sie den Umgang mit Ihren Lieferanten bezeichnen?

_____

_____

4. Was meinen Sie: kommen die Lieferanten zu einem ähnlichen Urteil wie Sie in der vorigen Frage?

_____

_____

5. Kann man bei Ihren Lieferbeziehungen von „Partnerschaften" sprechen? Warum?

_____

_____

6. Haben Sie besonders langfristige Lieferbeziehungen? Welche Vorteile hat dies?

_____

_____

7. Sind Ihre Lieferbeziehungen rein auf Kaufvorgänge begrenzt oder gehen sie weiter (z. B. Mitsprache bei der Produktentwicklung, bei der Forschung usw.)?

_____

_____

8. Welche Vorteile hätte es, (weitere) Lieferanten zu finden, mit denen die Beziehung über den reinen Kaufvorgang hinausgeht?

_____

_____

9. Wie zufrieden sind Sie allgemein mit Ihren Lieferanten?

_____

_____

10. Nennen Sie Lieferanten, mit denen Sie sehr zufrieden, und andere, mit denen Sie weniger zufrieden sind. Was sind die Gründe für Ihr Urteil?

Lieferant	Zufriedenheitsgrad	Grund

11. Was unterscheidet die Beziehungen zu Lieferanten, mit denen Sie zufrieden sind, von Beziehungen zu weniger guten Lieferanten? Können Sie Faktoren finden?

12. Können die Beziehungen zu den weniger guten Lieferanten verbessert werden?

13. Was geschieht bei Reklamationen? Haben Sie mit Lieferanten einen bestimmten Umgang vereinbart?

14. Gibt es für Absprachen oder Reklamationsfälle feste Ansprechpartner bei Ihren Lieferanten?

15. Funktioniert der Umgang mit Reklamationen? Sind Sie zufrieden?

16. Welche Anreize setzen Sie, um Lieferanten zu guten Leistungen zu motivieren?

_____

_____

17. Ein Lieferant besitzt ein grundsätzliches Interesse daran, in seinem Markt einen guten Ruf zu genießen. Schlechte Leistung kann sich herumsprechen. Stehen Sie in Kontakt zu weiteren Kunden Ihrer Lieferanten?

_____

_____

18. Wissen Ihre Lieferanten von diesen Kontakten? Wie können Sie dieses Wissen vermitteln?

_____

_____

19. Auf welchen formellen und informellen Wegen können _Sie_ Informationen über zuverlässige Lieferanten sammeln?

_____

_____

20. Wo in Ihrer Organisation werden diese Informationen gesammelt, verarbeitet und gespeichert? Sind diese Stellen koordiniert?

_____

_____

Spezifische Umweltanalyse III: Kooperation

Was für Lieferanten- und Kundenbeziehungen gilt, trifft auf alle weitergehenden Außenkontakte einer Organisation zu: Kooperative oder synergetische Beziehungen sind unerlässlich für den Erfolg einer Organisation. Kooperationen sind alle Formen der Zusammenarbeit und des wechselseitig vorteilhaften Austauschs. Kooperative Beziehungen ermöglichen Effizienzgewinne und sollten, wo möglich, angestrebt und gepflegt werden. Betrachten Sie mit den folgenden Fragen wichtige Kooperationsbeziehungen – mit Lieferanten, Kunden oder anderen Akteuren. Lenken Sie Ihre Aufmerksamkeit zunächst allerdings noch auf weitere wichtige Gruppen und Akteure in Ihrem Geschäftsumfeld.

1. Welche für den Erfolg Ihrer Organisation wichtigen Gruppen können Sie außer Lieferanten und Kunden noch nennen? Denken Sie an Anteilseigner, Geldgeber, Konkurrenten, Verbände usw.

   _____

   _____

2. Wie zufrieden sind Sie allgemein mit dem Kontakt mit diesen Gruppen?

   _____

   _____

3. Wo ist der Kontakt besonders unbefriedigend?

   _____

   _____

4. Wo ist der Kontakt besonders erfreulich?

   _____

   _____

5. Welche Gründe gibt es dafür, dass einige Kontakte gut, andere weniger gut sind?

   _____

   _____

6. Wie können Sie die unbefriedigenden Kontakte verbessern?

   _____

   _____

7. Gibt es feste Ansprechpartner und Verantwortliche für diese Außenkontakte? Sind diese Außenkontakte gut koordiniert?

_____

_____

8. Welche Kooperationsbeziehungen sind für Ihre Organisation besonders wichtig?

_____

_____

9. Signalisieren Sie Ihren Partnern die Wichtigkeit Ihrer Kooperation und Ihr Interesse an einer guten und fairen Beziehung?

_____

_____

10. Was wird getan, um diese Kooperationsbeziehungen zu pflegen?

_____

_____

11. Was wird für einen guten Informationsfluss zwischen Ihnen und Kooperationspartnern getan?

_____

_____

12. Gibt es in Ihrer Organisation feste Ansprechpersonen für Ihre Kooperationspartner?

_____

_____

13. Wie können Sie gute Beziehungen noch weiter ausbauen und vertiefen?

_____

_____

14. Wie können Sie die Langfristigkeit einer Beziehung mit einem guten Partner stärken?

_____

_____

15. Welche weiteren Anreize können Sie setzen, um Geschäftspartner zu kooperativem Verhalten zu motivieren?

_____

_____

16. Für den Bestand einer Kooperationsbeziehung ist es vorteilhaft, bewusst Signale der Kooperationsbereitschaft zu senden. Welche Schritte können Sie unternehmen, um demonstrativ für sich selbst Anreize zu kooperativem Verhalten zu setzen? Denken Sie hier auch an beziehungsspezifische Investitionen.

_____

_____

17. In manchen Bereichen, für manche Tätigkeiten gibt es Personen bzw. Organisationen, die wichtige Dinge besser leisten können als die eigene Organisation. Kooperationsbeziehungen zu diesen Akteuren können daher Vorteile bringen. Überlegen Sie: In welchen weiteren Bereichen können Kooperationsbeziehungen sinnvoll sein?

_____

_____

18. Auf welchen Suchwegen können Sie dazu Partner finden? Denken Sie an informelle Wege, Dachverbände, Medien oder Kontakte aus der Vergangenheit.

_____

_____

19. Beziehungen können auch zu Abhängigkeiten führen. Bei welchen Beziehungen würden Sie sagen, Ihre Organisation ist abhängig vom Partner?

_____

_____

20. Wenn solche Abhängigkeiten die eigenen Entwicklungsmöglichkeiten einschränken, ist zu überlegen, ob diese Beziehungen gelöst werden können. Gibt es Beziehungen, die vor diesem Hintergrund eher aufgelöst werden sollten?

_____

_____

Spezifische Umweltanalyse IV: Konflikte

Fast alle Organisationen konkurrieren mit anderen Organisationen um knappe Güter. Konflikte sind daher unvermeidlich. Doch auch in kooperativen Beziehungen – nicht nur zwischen Organisationen – treten Konflikte auf. Wichtig ist es dann, diese Auseinandersetzungen konstruktiv zu lösen. Wie sind dazu die Erfahrungen? Sind Strukturen und Fertigkeiten in der Organisation vorhanden, um Konflikte zufriedenstellend zu lösen?

1. Nennen Sie Beispiele möglichst aktueller Konflikte zwischen Ihrer Organisation und externen Personen oder Organisationen.

_____

_____

2. Nennen Sie Beispiele, bei denen Sie mit der Konfliktlösung zufrieden sind.

_____

_____

3. Nennen Sie Beispiele, bei denen Konflikte nicht zufrieden stellend gelöst wurden.

_____

_____

4. Was sind die Gründe für Ihre Unzufriedenheit mit der Konfliktlösung?

_____

_____

5. Um welche Art von Problemen ging es? Waren es Verständigungsprobleme oder eher Interessenkonflikte?

_____

_____

6. Was können Sie tun, um künftig Verständigungsprobleme zu vermeiden bzw. zu lösen?

_____

_____

7. In welchen Bereichen können Sie künftig Interessenkonflikte abschwächen, indem Sie gemeinsame Interessen stärken?

_____

_____

8. Betrachten Sie eine aktuell anstehende Konfliktsituation: Was befürchten Sie im schlechtesten Falle, was erhoffen Sie im besten Falle?

_____

_____

9. Welchen Einfluss können Sie auf die Vermeidung des schlechtesten Falls ausüben? Wie können Sie Ihren Einfluss stärken?

_____

_____

10. Haben Sie sich bereits mit der Theorie und Praxis von Konfliktlösungen beschäftigt?

_____

_____

11. Wenn ja: was haben Sie vorrangig daraus gelernt? Wenn nein: was denken Sie, könnten Sie daraus lernen?

_____

_____

12. Wo sehen Sie in Ihrer Organisation noch Entwicklungspotenziale in Sachen Know-how der Konfliktlösung?

_____

_____

13. Sind für Mitglieder oder Führungskräfte Ihrer Organisation Fortbildungen zur Konfliktlösung, Verhandlungsführung usw. vorgesehen?

_____

_____

14. Wer war in Ihrer Organisation bei o.g. Konflikten in der Verantwortung? Waren die Verantwortlichkeiten klar geregelt?

_____

_____

15. Hatten die Verantwortlichen klare Handlungsmöglichkeiten und -freiräume?

_____

_____

16. Welche Unterstützung erhalten die Verantwortlichen der
    Konfliktaustragung und -lösung? Kann die Kompetenz
    anderer Organisationsmitglieder oder externer Personen
    genutzt werden?

    _____

    _____

17. Bestehen in Ihrer Organisation interne oder externe Zu-
    griffsmöglichkeiten auf juristisches Wissen bzw. Rechts-
    beratung für den Fall schwer lösbarer Konflikte?

    _____

    _____

18. Welche Rolle können Dachverbände oder dritte Parteien
    bei der Austragung von Auseinandersetzungen oder der
    Mediation/Vermittlung in Konfliktsituationen spielen?

    _____

    _____

4.4   Strukturen und Führung

Die formalen Strukturen einer Organisation liefern die Vorgaben für Positionen, Hierarchien, Beziehungen und Ablaufpläne. Sie stellen gewissermaßen die „Theorie" einer konkreten Organisation dar. Theorie und Praxis sind bekannter-
maßen nicht immer deckungsgleich. Das müssen sie auch
nicht sein. Schon aus Gründen der Komplexität des realen Lebens ist es auch bei noch so großer Sorgfalt gar nicht möglich, alle Gegebenheiten, Einflüsse und unerwarteten Veränderungen so zu berücksichtigen, dass stets eine formale Antwort bereit liegt.

Informellen Regelungen kommt daher eine wichtige Rolle für
das Funktionieren einer Organisation zu. Überhaupt hat das
informelle System eine große Auswirkung darauf, was in ei-

ner Organisation wie stattfindet. Die Qualität dieses informellen Systems wird einerseits bestimmt durch die formalen Vorgaben (die z. B. regeln, wer mit wem weshalb zu tun hat) und andererseits durch „weiche" Faktoren wie die Art des zwischenmenschlichen Kontakts und Umgangs miteinander.

Was mit den formalen und informellen Systemen geschieht, wird wesentlich mitbestimmt durch die Führung einer Organisation. Alle Leitungsaufgaben sind mit Führung verbunden. Führung sorgt daher für eine Lenkung organisationsinterner Prozesse. Dabei stellt sich stets die Frage, ob das Führungshandeln in jeder Hinsicht im Dienst der Organisationsziele steht – oder ob das Gegenteil gilt, dass Führungspersonen eine Organisation und ihre Mitglieder vorrangig zur Verwirklichung ihrer persönlichen Ziele nutzen. Dieser „Missbrauch" muss nicht immer materieller Art sein. Es soll ja z. B. in allen Arten und Sparten von Organisationen immer wieder Führungspersonen geben, für die die Ausübung von Macht einen hohen Reiz ausübt – einen Reiz, der oft über den eigentlichen Organisationszielen steht.

Nutzen Sie die nachfolgenden Abschnitte daher, um zu vergegenwärtigen, wie in der Organisation das Führungsverhalten, die formalen und informellen Strukturen aussehen. Stehen sie im Dienst der Organisation oder stehen sie den Organisationszielen eher im Weg? Wo sollten Veränderungsmaßnahmen ansetzen?

Strukturen und Führung I: Die formale Gliederung

Formale Strukturen einer Organisation stellen also die geplanten Vorgaben für Positionen, Hierarchien, Beziehungen und Abläufe dar. Sie bieten eine Erleichterung für die innerorganisatorische Tätigkeit und stellen klare Zuständigkeiten und Prozesswege zur Verfügung. Solche Planvorgaben sollten sich optimal am Organisationsziel orientieren. Jede formale

Vorgabe sollte die beste Antwort auf Anforderungen der Zielerreichung sein. All zu oft dienen formale Strukturen aber ganz anderen Zielen. Oder sie sind ein historisches Relikt, mit dem alle Beteiligten zu kämpfen haben, das aber niemand zum Thema macht. Dienen die formalen Strukturen der Organisation optimal den Organisationszielen?

1. Nennen Sie beispielhaft einige Positionen, Hierarchien, Beziehungen oder Ablaufpläne, die formal vorgegeben sind.

   _____

   _____

2. Woran lässt sich ersehen, dass die Punkte in Ihrer vorigen Antwort wirklich formal vorgegeben sind? In welchen Dokumenten ist dies niedergelegt?

   _____

   _____

3. Wie relevant sind diese Dokumente? Lassen sich die formalen Vorgaben leicht verändern?

   _____

   _____

4. Skizzieren Sie die formale Grobgliederung Ihrer Organisation. Beachten Sie insbesondere, wie die Anordnung und Verteilung von Positionen, Zuständigkeiten und Beziehungen aussieht.

   _____

   _____

5. Betrachten Sie Ihre formale Grobgliederung: Führt Sie zu einer ausgewogenen Aufgabenverteilung, oder leistet sie einer ungleichgewichtigen Überlastung bzw. Unterforderung Vorschub?

   _____

   _____

6. Dient die Aufgabenverteilung optimal dem Organisationsziel? Oder dient sie eher anderen Zwecken, bzw. ist sie mehr ein historisches Relikt?

_____

_____

7. Ist in der formalen Gliederung eine flache oder steile Hierarchie vorgesehen?

_____

_____

8. Ist die formale Verteilung von Aufgaben und Verantwortungsbereichen klar und übersichtlich oder eher undurchsichtig und komplex?

_____

_____

9. Ist die formale Gliederung offensichtlich und überschaubar für die Organisationsmitglieder?

_____

_____

10. Welche Bereiche der formalen Gliederung sind offensichtlich und überschaubar für relevante externe Personengruppen wie Kunden, Lieferanten, Kapitalgeber usw.?

_____

_____

11. Wo liefert die formale Gliederung einen wichtigen Beitrag für einen effektiven Ablauf der Tätigkeiten in der Organisation?

_____

_____

12. Wo ist die formale Gliederung eher problematisch und hemmend für einen effektiven Ablauf der Tätigkeiten in der Organisation?

_____

_____

13. Wie könnten diese Probleme und Hemmnisse durch eine formale Neuorganisation beseitigt werden?

_____

_____

15. Wo liefert die formale Gliederung einen wichtigen Beitrag für einen effektiven Informationsfluss in der Organisation und nach außen?

_____

_____

16. Wo ist die formale Gliederung eher problematisch und hemmend für einen effektiven Informationsfluss?

_____

_____

17. Wie könnten diese Probleme und Hemmnisse durch eine formale Neuorganisation beseitigt werden?

_____

_____

Strukturen und Führung II: Die informelle Gliederung

Vernachlässigen Sie nun die formalen Vorgaben. Betrachten Sie die tatsächlichen Vorgänge, Operationen, Aufgabenverteilungen und Beziehungen. Vieles davon wird ohne offizielle Vorgabe und damit informell geregelt sein. Manchmal handelt es sich um gewachsene Strukturen, bewusste Absprachen und sinnvolle Problemlösungsstrategien.

Informelle Strukturen sind daher ein Merkmal der Kreativität in einer Organisation. Sie können allerdings auch zu Hemmnissen führen – insbesondere, wenn sie im Konflikt mit formal vorgegebenen Richtlinien stehen. Dies gilt entsprechend für die zwischenmenschlichen Beziehungen in Organisationen: Belastete persönliche Beziehungen können Energie und Aufmerksamkeit binden und die Erreichung der Organisationsziele behindern.

1. Wenn Sie die tatsächlichen Vorgänge, Abläufe und Aufgabenverteilungen betrachten: wo sind diese in Ihrer Organisation besonders gut, welche sind besonders problematisch?

Besonders gut	Besonders problematisch

2. Betrachten Sie die besonders guten Vorgänge und Aufgabenverteilungen: Wie ist dort der Weg konkreter Tätigkeiten? Welche Positionen und Personen sind beteiligt?

3. Betrachten Sie nun die problematischen Vorgänge und Aufgabenverteilungen: Wie ist dort der Weg konkreter Tätigkeiten? Welche Positionen und Personen sind beteiligt? An welchen Schnittstellen zeigen sich Schwierigkeiten?

4. Was lässt sich an diesen Vorgängen und Aufgabenverteilungen verändern, um zu günstigeren Ergebnissen zu kommen?

_____

_____

5. Ist die tatsächliche Verteilung von Aufgaben und Verantwortungsbereichen klar und übersichtlich oder eher undurchsichtig und komplex?

_____

_____

6. Ist die tatsächliche Verteilung von Aufgaben und Verantwortungsbereichen offensichtlich und überschaubar für die Organisationsmitglieder?

_____

_____

7. Ist die tatsächliche Verteilung von Aufgaben und Verantwortungsbereichen offensichtlich und überschaubar für relevante externe Personengruppen wie Kunden, Lieferanten, Kapitalgeber usw.?

_____

_____

8. Wo liefern informelle Absprachen und Problemlösungsstrategien einen wichtigen Beitrag für den effektiven Ablauf der Tätigkeiten in der Organisation?

_____

_____

9. Wo sind informelle Strukturen, Beziehungen und Gewohnheiten eher problematisch und hemmend für einen effektiven Ablauf der Tätigkeiten?

_____

_____

10. Wie könnten diese Probleme und Hemmnisse durch eine Reorganisation oder neue informelle Absprachen beseitigt werden?

_____

_____

11. Wo liefern informelle Absprachen und Problemlösungsstrategien einen wichtigen Beitrag für den effektiven Informationsfluss in der Organisation und nach außen?

_____

_____

12. Wo sind informelle Strukturen, Beziehungen und Gewohnheiten eher problematisch und hemmend für einen effektiven Informationsfluss?

_____

_____

13. Wie könnten diese Probleme und Hemmnisse durch eine Reorganisation oder neue informelle Absprachen beseitigt werden?

_____

_____

14. Nennen Sie Bereiche, in denen sich Konflikte zwischen formalen Vorgaben und informellen Strukturen ergeben.

_____

_____

15. Woraus ergeben sich diese Konflikte? Wie lassen sie sich beseitigen?

_____

_____

16. Zwischen welchen Abteilungen, Positionen und Personen bestehen besonders problematische und belastete persönliche Beziehungen?

_____

_____

17. Wirken diese belasteten persönlichen Beziehungen negativ auf den Organisationserfolg bzw. die Zielerreichung?

_____

_____

18. Wie können diese belasteten persönlichen Beziehungen verändert werden? Sind Konfliktlösungen denkbar? Verspricht eine räumliche Trennungen Erfolg, oder muss sich die Organisation von Beteiligten trennen?

_____

_____

19. Zwischen welchen Abteilungen, Positionen und Personen bestehen besonders starke und gute persönliche Beziehungen?

_____

_____

20. Wirken diese guten persönlichen Beziehungen positiv auf den Organisationserfolg bzw. die Zielerreichung?

_____

_____

21. Können diese guten persönlichen Beziehungen stärker für den Organisationserfolg bzw. die Zielerreichung genutzt werden?

_____

_____

Strukturen und Führung III: Führungsstile

Führung setzt Rahmenbedingungen, gibt Entwicklungsvorgaben, und bestimmt Prioritäten für das Handeln in Organisationen. Außerdem bestimmt das Führungsverhalten wesentlich mit, welche Art des zwischenmenschlichen Umgangs in der Organisation gepflegt wird. Das Führungsverhalten sollte daher beachtet werden und auf die Zielsetzung der Organisation abgestimmt sein. Ist das in der Organisation der Fall?

1. Welche Art von Führungsverhalten ist Ihrer Meinung nach sinnvoll? Wie sollte aus Ihrer Sicht geführt werden?

   _____

   _____

2. Bitte begründen Sie Ihre Sichtweise.

   _____

   _____

3. Inwiefern erleichtert das von Ihnen bevorzugte Führungsverhalten die Zielerreichung?

   _____

   _____

4. Welche Art von Führungsverhalten liegt in Ihrer Organisation tatsächlich vor?

   _____

   _____

5. Inwiefern weicht das tatsächliche Führungsverhalten von dem von Ihnen bevorzugten ab?

   _____

   _____

6. Wie kommt es zu diesen Abweichungen?

_____

_____

7. Wie können das tatsächliche und das von Ihnen bevorzugte Führungsverhalten besser aneinander angeglichen
werden?

_____

_____

8. Vergegenwärtigen Sie sich das allgemeine Führungsver-
halten in Ihrer Organisation oder das Führungsverhalten
in einer bestimmten Situation bzw. bei einem konkreten
Vorgang. Welche Auswirkungen hat dieses Verhalten im
Sinne einer Setzung von Handlungsbedingungen für die
Organisationsmitglieder? Welche Ergebniswirkung hat
dies? Skizzieren Sie Ihre Antwort im Rahmen eines
Mikro-Makro-Modells.

9. Anweisungen der Führung an Mitglieder können pro-
zess- oder ergebnisorientiert sein. Bei prozessorientierten
Anweisungen wird genau vorgegeben, *wie* Tätigkeiten
durchzuführen sind. Ergebnisorientierte Anweisungen
geben lediglich das Ziel vor und belassen mehr oder weniger Freiheit bei der Durchführung. Nennen Sie Vor-
und Nachteile prozess- und ergebnisorientierter Anweisungen in Ihrer Organisation.

Anweisungstyp	Vorteile	Nachteile
prozessorientiert		
ergebnisorientiert		

10. Gibt die Führung Ihrer Organisation mehr prozess- oder mehr ergebnisorientierte Anweisungen?

_____

_____

11. Warum ist dies so?

_____

_____

12. Ist dies günstig für die Zielerreichung Ihrer Organisation?

_____

_____

13. Wie kann die Orientierung von Anweisungen verändert werden, um der Zielerreichung noch besser zu dienen?

_____

_____

14. Führungsverhalten kann auch zwischen „demokratisch" und „autoritär" unterschieden werden. Herrscht in Ihrer Organisation ein eher demokratischer oder ein eher autoritärer Führungsstil vor?

_____

_____

15. Warum ist dies so? Hängt die Unterscheidung zwischen demokratischem und autoritärem Führungsstil von den jeweiligen Aufgabenstellungen ab oder von den Personen?

_____

_____

16. Ist dies günstig für die Zielerreichung Ihrer Organisation?

_____

_____

17. In welche Richtung kann der Führungsstil allgemein ver-
    ändert werden, um der Zielerreichung noch besser zu die-
    nen?

    _____

    _____

18. Listen Sie nachfolgend Personen auf, die in Ihrer Orga-
    nisation auf Führungspositionen stehen. Beurteilen Sie je-
    weils ihre Führungsqualitäten. Was könnten diese Perso-
    nen an Ihrem Führungsverhalten noch verbessern?

Person	Aufgabe	Fähigkeiten	Verbesserungspotenzial

19. Welche Vor- und Nachteile für die Organisation ergeben
    sich aus den unterschiedlichen Führungsfähigkeiten Ihres
    Führungspersonals?

    _____

    _____

20. Welche Arten von Fortbildungen sind für das Führungs-
    personal vorgesehen?

    _____

    _____

21. Nennen Sie Privilegien, in deren Genuss Personen in
    Führungspositionen bei Ihnen kommen. Sind diese Privi-
    legien angemessen und wirtschaftlich?

    _____

    _____

22. Ist insgesamt gesehen die Führung vorrangig an Einzelaufgaben und operativen Prozessen orientiert oder besteht ein Gesamtkonzept für Ihre Organisation?

_____

_____

Strukturen und Führung IV:
Führung als Organisationslenkung

Eine Organisation und ihre Führung ist auf Mitarbeit und Mitwirkung von Mitgliedern angewiesen. Dazu sollte eine Ober- und Unterordnung an den Zielen der Organisation orientiert sein und nicht am persönlichen Machtstreben. Da Handlungsfreiheit auch Kreativiät und Eigenverantwortlichkeit freisetzt, sollte geprüft werden, wann und wo sie sinnvoll genutzt werden kann.

Auch der Austausch von Information bestimmt wesentlich mit, wie effektiv eine Organisation funktioniert. Dies betrifft Informationen über konkrete Arbeits- und Handlungsanweisungen ebenso wie Informationen über langfristige Planungen und Vorhaben. Auf welchen Kanälen fließen in der Organisation Informationen? Welche Rolle spielen „dunkle Kanäle"? Was kann die Führung tun, um den Informationsfluss sinnvoll zu beeinflussen?

1. Welche Art von Tätigkeit wird von den Organisationsmitgliedern erwartet? Handelt es sich z. B. um monotone, abwechslungsreiche, kreative oder anspruchsvolle Tätigkeiten? Beantworten Sie diese Frage bitte im Hinblick auf die verschiedenen Mitgliedergruppen in Ihrer Organisation.

Gruppe	Tätigkeit	Qualität

2. Wenn Sie die Art der Tätigkeit in der Tabelle betrachten – werden damit die Bedürfnisse der Mitglieder an ihre Tätigkeit befriedigt oder bleibt vieles offen?

_____

_____

3. Wie sicher sind Sie sich über Ihre Einschätzung der Mitgliederbedürfnisse? Welche Informationsquellen liegen Ihnen vor?

_____

_____

4. Wie können die Bedürfnisse der Mitglieder in Bezug auf ihre Tätigkeit besser befriedigt werden? Wie können dazu die Tätigkeiten verändert bzw. reorganisiert werden?

_____

_____

5. Wo eröffnen sich für Organisationsmitglieder Freiräume? Wo wird ausdrücklich Eigenverantwortlichkeit verlangt?

_____

_____

6. Wie werden Kreativität und Ideen von Organisationsmitgliedern angeregt und für die Organisation genutzt?

_____

_____

7. Was kann getan werden, um dies noch zu verstärken?

_____

_____

8. An welchen Stellen wird Entscheidungsgewalt delegiert, an welchen Stellen eher weniger?

_____

_____

9. Warum ist dies so? Hängt die Delegation von Entscheidungsgewalt von organisatorischen Notwendigkeiten oder von Personen ab?

_____

_____

10. Welche Vorgehensweise erfolgt in Extremsituationen wie Notfällen, unvorhergesehenen Ereignissen oder extremem Zeitdruck? Existiert ein Ablaufsystem als Orientierungshilfe, wird improvisiert oder bricht regelmäßig das Chaos aus?

_____

_____

11. Welche Vor- und Nachteile hat diese Vorgehensweise in den Extremsituationen für die Zielerreichung?

_____

_____

12. Wie kann die Vorgehensweise in den Extremsituationen verbessert werden?

_____

_____

13. Würden Sie sagen, die Mitglieder Ihrer Organisation sind von der Führung und Leitung gut mit Informationen versorgt?

_____

_____

14. Wie sicher sind Sie sich über Ihr Urteil? Aus welchen Quellen stammt Ihre Information?

_____

_____

15. Welche Rolle spielen in Ihrer Organisation dunkle Informationskanäle und die Gerüchteküche?

    _____

    _____

16. Was können Sie tun, um der Gerüchteküche ihre Bedeutung zu nehmen bzw. sie stillzulegen?

    _____

    _____

17. Wie funktioniert der Informationsfluss von der Führung und Leitung zu den Mitgliedern, also von „oben" nach „unten"? Berücksichtigen Sie hierzu nicht nur Informationen über konkrete Arbeitsanweisungen, sondern auch Informationen über Hintergründe, langfristige Planungen und Vorhaben. Notieren Sie bitte Art, Umfang, Geschwindigkeit und Genauigkeit des Informationsflusses.

Art	Umfang	Geschwindigkeit	Genauigkeit

18. Trägt der von Ihnen notierte Informationsfluss dazu bei, dass sich die Mitglieder hinreichend informiert fühlen?

    _____

    _____

19. Was könnte am Informationsfluss von oben nach unten verbessert werden?

    _____

    _____

20. Wie funktioniert der Informationsfluss von den Mitgliedern zur Führung, also von „unten" nach „oben"?

Berücksichtigen Sie auch hier nicht nur Informationen über die Organisationstätigkeit, sondern auch Informationen über Hintergründe, Befindlichkeiten usw. Notieren Sie bitte Art, Umfang, Geschwindigkeit und Genauigkeit des Informationsflusses.

Art	Umfang	Geschwindigkeit	Genauigkeit

21. Trägt der von Ihnen notierte Informationsfluss dazu bei, dass die Führung hinreichend informiert ist?

22. Was könnte am Informationsfluss von unten nach oben verbessert werden?

23. Wie gut funktioniert der Informationsfluss innerhalb der Organisationsebenen, also auf der Führungsebene bzw. auf der Mitarbeiterebene?

24. Sollten diese Informationsflüsse verbessert werden?

25. Wie funktioniert der Informationsfluss von außen in die Organisation? Welche Kanäle werden genutzt?

26. Wie können diese Informationsflüsse verbessert werden?

_____

_____

27. Welchen Überblick hat die Führung über die wirtschaftliche Situation der Organisation? Wie präzise sind vorliegende Informationen über Kapital, Gewinne, Verluste,
Liquidität usw.?

_____

_____

4.5   Kooperation und Konflikt

Zu den Definitionsmerkmalen von Organisationen (vgl. Kapitel 1) gehört, dass Menschen bei gemeinsamer Zielvorgabe
miteinander tätig sind. Dieses Miteinander äußert sich als Arbeitsteilung, für die Begriffe wie „Kooperation", „Zusammenarbeit" oder „Zusammenwirken" zutreffen. Je besser
dieses Zusammenwirken funktioniert, desto eher gelingt es,
die Organisationsziele zu verwirklichen.

Es kommt daher darauf an, günstige Rahmenbedingungen für
das Zusammenwirken zu schaffen. Diese Bedingungen reichen von der Gestaltung der Arbeitsplätze über Mitgestal-
tungsmöglichkeiten bis hin zum Personalwesen (vgl. DÄFLER
1999, S. 47ff.) Dazu gehört auch die Setzung von Anreizen.
WEISBORD (1984, S. 52) weist darauf hin, dass bei der Gestaltung von Organisationsstrukturen auf Anreize und Be-
lohnungsmechanismen geachtet werden muss: Werden für
die Organisation wichtige Tätigkeiten wirklich positiv sanktioniert, also belohnt? In diesem Zusammenhang dürfen Be-
lohnungen nicht eingeschränkt im Sinne materieller Zuwen-
dungen verstanden werden. Es besteht nämlich die Gefahr,
dass diese rein äußerliche Entlohnungsform ein vorhandenes
persönliches Bedürfnis, Aufgaben gut zu erfüllen, im Lauf der

Zeit erstickt. Die für eine Organisation nicht zu ersetzende intrinsische Motivation der Mitglieder würde dann durch ein von oben gesetztes Anreizsystem verdrängt (vgl. auch FREY 1994).

Für die Gestaltung innerorganisatorischer Strukturen lassen sich auch die Ergebnisse der Studie von AXELROD (1987) über die Schaffung und Absicherung kooperativer Beziehungen heranziehen. AXELROD zeigt, dass bei längerfristig orientierten Beziehungen eine wohlwollende kooperative Einstellung zu den besten Ergebnissen führt. Er betont aber auch die Bedeutung negativer Sanktionen im Falle unkooperativer Verhaltensweisen. Nur: die Sanktion sollte nie zu hart ausfallen, um einen Teufelskreis von Sanktion und Gegensanktion zu vermeiden.

Die Existenz einer Organisationen verlangt also die Koordination einzelner Menschen. Da Menschen allerdings mehr oder weniger unterschiedliche Bedürfnisse, Interessen und Ziele haben, bleibt es nicht aus, dass Konflikte entstehen. Konflikte sind Situationen, in denen Ziele und Handlungspläne kollidieren. Konflikte sind angesichts der besonderen Situation einer Organisation etwas Normales. Sie sind daher auch weder gut noch schlecht. Es ist für eine Organisation nicht erstrebenswert, so beständig mit der Austragung interner Konflikte beschäftigt zu sein, dass die eigentlichen Organisationsziele vernachlässigt werden. Es ist allerdings ebenfalls fraglich, wenn nie Konflikte auftreten. Konflikte sorgen nämlich auch für Bewegung und Anpassung an neue Situationen. Eine Organisation ohne Konflikte ist demnach kaum möglich und auch nicht erstrebenswert (vgl. auch RÜTTINGER & SAUER 2000, S. 141)[1].

---

1 Zur Erinnerung: Konflikte mit der Organisationsumwelt werden in Kapitel 4.3 erörtert. In den hier folgenden Abschnitten geht es um Binnenkonflikte einer Organisation.

Kooperation und Konflikt I:
Konflikte in der Organisation

Konflikte gehören zu jeder Organisation. Konflikte können bisweilen aber auch unangenehm entstehen, verlaufen und enden. Wie sieht es in der Organisation mit Konflikten aus? Gibt es Konflikte? Was geschieht mit ihnen? Werden sie unterdrückt, ignoriert oder ausgetragen?

1. Wie stehen Sie zu Konflikten? Wirken Konflikte auf Sie bedrohlich, sehen Sie sie als lästiges Übel an, oder sind Konflikte für Sie eine Herausforderung oder gar eine Notwendigkeit?

   _____

   _____

2. Fällt es Ihnen leicht, Kritik zu äußern?

   _____

   _____

3. Wie äußern Sie Kritik? Ist Ihre Kritik konstruktiv?

   _____

   _____

4. Was ist das Ziel Ihrer Kritikäußerung? Was wollen Sie erreichen?

   _____

   _____

5. Fällt es Ihnen leicht, Kritik anzunehmen?

   _____

   _____

6. Wann fällt es Ihnen leichter, wann schwerer, Kritik anzunehmen?

   _____

   _____

7. Wird in Ihrer Organisation Kritik geäußert?

8. Wird zur Äußerung von Kritik motiviert oder eher nicht?

9. Wie ist die Lage einer Person, die Kritik äußert? Übt sie eine erwünschte Funktion aus oder tritt sie eher als schwarzes Schaf oder Bittsteller auf?

10. Hört jemand bei der Äußerung von Kritik wirklich interessiert zu?

11. Gibt es jemanden, der versucht, den hinter einer Kritik stehenden Konflikt wirklich zu verstehen?

12. Was geschieht mit geäußerter Kritik?

13. Wie werden Frustrationen oder Konflikte in Ihrer Organisation kanalisiert?

14. Existiert ein (formales oder informelles) Beschwerdewesen?

15. Wie ist das Verfahren einer Beschwerde- oder Kritik-
    äußerung? Wer ist Ansprechpartner? Bleibt das Verfah-
    ren für die Person, die Kritik äußerte, wirklich ohne
    negative Folgen?

    _____

    _____

16. Wo und unter welchen Bedingungen gibt es in Ihrer Or-
    ganisation Konflikte?

    _____

    _____

17. Konflikte können im Extremfall bis hin zu bewusster
    Schädigung und unkontrollierter Aggression führen.
    Gibt es diesbezüglich in Ihrer Organisation Grenzen?
    Wie wird auf diese Grenzen hingewiesen?

    _____

    _____

18. Werden diese Grenzen eingehalten?

    _____

    _____

19. Werden in Ihrer Organisation Konflikte ignoriert, unter-
    drückt, zugelassen oder ausgetragen?

    _____

    _____

20. Gibt es Personen, die manche dieser Strategien besonders
    fördern oder ausschließen?

    _____

    _____

21. Gibt es Themengebiete, bei denen sich wiederholt Kon-
    flikte ergeben?

    _____

    _____

22. Entstehen Konflikte aufgrund unklarer Zuständigkeiten, Verantwortlichkeiten oder Weisungsbefugnisse?

_____

_____

23. Entstehen Konflikte aufgrund der Konkurrenz um begrenzte Ressourcen (z. B. Positionen, Materialien, Räumlichkeiten, finanzielle Möglichkeiten)?

_____

_____

24. Ist diese Konfliktentstehung gewollt? Sind die Effekte positiv für die Erreichung der Organisationsziele?

_____

_____

25. Gibt es Mobbing in Ihrer Organisation?

_____

_____

26. Wie wird von Mitgliedern und von der Führung auf Mobbing reagiert?

_____

_____

Kooperation und Konflikt II: Lösung von Konflikten

Konflikte entstehen in allen Organisationen. Organisationen unterscheiden sich jedoch im Umgang mit Konflikten und in der Qualität von Konfliktlösungen. Ungünstige Konfliktlösungsversuche können das Organisationsklima belasten und Energien binden, die an strategisch wichtigen Stellen nicht mehr zur Verfügung stehen. Wichtig wäre es daher für jede Organisation, internes Know-how zur Konfliktlösung zur Verfügung zu haben. Es ermöglicht konstruktive Verfahren der Lösung von Konflikten auf und zwischen den Hierarchieebenen.

1. Wie sollten aus Ihrer Sicht Konflikte gelöst werden?

   _____

   _____

2. Was ist aus Ihrer Sicht der Hauptzweck einer Konfliktlösung?

   _____

   _____

3. Konflikte können unterschiedlich „gelöst" werden –
   durch Zwang, Aussitzen, Verhandeln usw. Wie werden in
   Ihrer Organisation normalerweise Konflikte gelöst?

   _____

   _____

4. Ist die Konfliktlösung in Ihrer Organisation erfolgreich?

   _____

   _____

5. Woran äußert sich dieser Erfolg/Misserfolg?

   _____

   _____

6. Gibt es nach der Austragung von Konflikten Sieger und
   Verlierer oder einen gemeinsamen Lösungserfolg?

   _____

   _____

7. Gibt es Mediatoren oder Vermittler, die aus einer neu-
   tralen Position eine Lösung anstreben?

   _____

   _____

8. Ist die Führung geschult im Umgang mit Konflikten?

   _____

   _____

9. Was wird für die Weiterbildung der Führung im Umgang mit Konflikten getan?

_____

_____

10. Wie wird in Ihrer Organisation Kritik an der Führung geäußert?

_____

_____

11. Wie geht die Führung mit dieser Kritik um?

_____

_____

12. Ist diese Reaktion günstig für den Organisationserfolg?

_____

_____

13. Was könnte am Umgang mit Kritik verbessert werden?

_____

_____

14. Welche Verfahren und Regelungen gibt es, um Konflikte mit der Führung zu äußern und auszutragen?

_____

_____

15. Wie wird eine Lösung/Einigung erarbeitet?

_____

_____

16. Wird diese Lösung/Einigung (schriftlich) festgehalten?

_____

_____

17. Erfolgt eine Umsetzung und Nachkontrolle dieser Lö-
    sung/Einigung?

    _____

    _____

18. Woher stammen Ihre Informationen über Konflikte in
    der Organisation? Sind diese Informationen vollständig
    und zuverlässig?

    _____

    _____

19. Welche Verfahren und Regelungen gibt es, um Konflikte
    zwischen Mitgliedern zu äußern und auszutragen?

    _____

    _____

20. Gibt es für Konflikte zwischen Mitgliedern Vermittler
    bzw. Mediatoren?

    _____

    _____

21. Wie wird eine Lösung/Einigung erarbeitet?

    _____

    _____

22. Wird diese Lösung/Einigung (schriftlich) festgehalten?

    _____

    _____

23. Erfolgt eine Umsetzung und Nachkontrolle dieser Lö-
    sung/Einigung?

    _____

    _____

24. Sind für Mitglieder Schulungs- und Weiterbildungsmaßnahmen im Hinblick auf Konfliktverhalten und -lösun-
gen vorgesehen?

_____

_____

25. Wird bei Konflikten in der Organisation auf eine hand-
habbare Gruppengröße bei der Austragung und Lösung
geachtet?

_____

_____

26. Wo sind in naher Zukunft Konflikte zu erwarten?

_____

_____

27. Wie können Sie diesen Konflikten begegnen, um zu einem
konstruktiven Ergebnis zu kommen?

_____

_____

Kooperation und Konflikt III:
Bedingungen der Zusammenarbeit

Die Gestaltung interner Strukturen einer Organisation sollte
sich an der Erreichung angestrebter Ziele orientieren. Da diese Ziele nur durch die Zusammenarbeit von Menschen erreicht werden können, sollten die internen Strukturen optimale Bedingungen für die Kooperation schaffen. Wie sehen
diese Bedingungen in der Organisation aus? Werden sie bewusst im Hinblick auf optimale Kooperationsmöglichkeiten
gestaltet?

1. Wie werden neue Mitglieder angeworben und ausge-
   wählt?

   _____

   _____

2. Wer entscheidet über die Auswahl von Neumitgliedern?
   Nach welchen Kriterien?

   _____

   _____

3. Wie werden Neumitglieder angelernt?

   _____

   _____

4. Was wird für die Integration von Neumitgliedern getan?

   _____

   _____

5. Bieten die Arbeitsplätze in der Organisation optimalen
   Gesundheitsschutz, Arbeitssicherheit und ergonomische
   Bedingungen?

   _____

   _____

6. Ist die technische Ausstattung auf dem neuesten Stand?

   _____

   _____

7. Haben Rückstände der technischen Ausstattung negative Folgen für die innerorganisatorische Tätigkeit?

   _____

   _____

8. Auf welchen technischen und persönlichen Wegen funktioniert die Kommunikation in Ihrer Organisation?

   _____

   _____

9. Wo führen Kommunikationswege und Informationsflüsse zu Überlastungen?

_____

_____

10. Besteht allgemeine Zufriedenheit mit dem Personalwesen und der Personalverwaltung?

_____

_____

11. Wie würden Sie das Arbeitsklima in Ihrer Organisation beschreiben?

_____

_____

12. Kommen die Mitglieder Ihrer Meinung nach zu einem gleichen Urteil über das Arbeitsklima?

_____

_____

13. Besteht in der Organisation ein überdurchschnittlich hohes Ausmaß an Fehlzeiten und Krankenständen? Lässt sich dies als Indikator für die Arbeitszufriedenheit werten?

_____

_____

14. Wie ist die Arbeitszufriedenheit in Ihrer Organisation?

_____

_____

15. Wie sicher sind Sie sich über die Beurteilung von Arbeitszufriedenheit und -klima durch die Mitglieder? Welche Informationsquellen stehen Ihnen zur Verfügung?

_____

_____

16. Wie würden Sie das interne Image Ihrer Organisation be-
    schreiben?

    _____

    _____

17. Entspricht dieses interne Image Ihrer Zielvorstellung?

    _____

    _____

18. Wie kann dieses interne Image verändert werden?

    _____

    _____

19. Nennen Sie Beispiele, die in Ihrer Organisation zur „Or-
    ganisationskultur" gehören. Welche Vorgänge und
    Besonderheiten zeichnen Ihre Organisation aus? Was –
    positiv oder negativ – gibt es (nur) bei Ihnen?

    _____

    _____

20. Entsprechen diese Merkmale Ihrer Organisationskultur
    Ihren Zielvorstellungen?

    _____

    _____

21. Welche Merkmale der Organisationskultur sollten ver-
    ändert werden?

    _____

    _____

22. Identifizieren sich die Mitglieder mit der Organisation?
    Bitte begründen Sie Ihr Urteil.

    _____

    _____

23. Wie kommt es zu internen Veränderungen, Innovationen und Neuentwicklungen? Werden sie intern angeregt und durchgeführt oder durch externe Anstöße?

_____

_____

24. Wie werden Mitglieder an der Entwicklung und Durchführung interner Veränderungen, Innovationen und Neuentwicklungen beteiligt?

_____

_____

25. Wie können Mitglieder allgemein Organisationsstrukturen mitbestimmen und mitgestalten?

_____

_____

26. Welche Anerkennung erfolgt für das Engagement bei der Mitgestaltung?

_____

_____

27. Welche besonderen Vergünstigungen und Sozialleistungen bietet die Organisation Ihren Mitgliedern?

_____

_____

28. Welche Weiterbildungsmaßnahmen sind vorgesehen? Decken sie den Bedarf an innerorganisatorischem Knowhow?

_____

_____

29. Sind Mitglieder bereit, in außergewöhnlichen Situationen auch besondere Belastungen auf sich zu nehmen?

_____

_____

176 Kooperation und Konflikt

30. Ist die Organisation bereit, auch besonders entgegen-
kommend auf Mitgliederwünsche zu reagieren?

_____

_____

Kooperation und Konflikt IV:
Gestaltung der Zusammenarbeit

Ebenso wie die Konfliktlösung trägt auch die gezielte Förde-
rung von Kooperation und Zusammenwirken zu einer besseren Zielerreichung bei. Dabei spielt der zwischenmenschliche
Umgang ebenso eine Rolle wie die bewusste Setzung und Aus-
gestaltung von Anreizen. Wie sind in dieser Hinsicht die
Strukturen in der Organisation? Bestehen bestmögliche Anreize und Voraussetzungen für eine innerorganisatorische Kooperation?

1. Wie sollte Ihrer Meinung nach in einer Organisation die
Kooperation bzw. das Zusammenwirken funktionieren?

_____

_____

2. Bitte begründen Sie Ihre Meinung. Welche Ziele haben
Sie dabei im Auge?

_____

_____

3. Und wie funktioniert in Ihrer Organisation die Kooperation wirklich?

_____

_____

4. Was sind maßgebliche Abweichungen von Ihrer Zielvorstellung, wie die Kooperation funktionieren sollte?

_____

_____

5. Wie lassen sich diese Abweichungen erklären?

_____

_____

6. Was können Sie tun, um diese Abweichungen zu beseitigen?

_____

_____

7. Welche Bedürfnisse verfolgen die Mitglieder bei der Tätigkeit in Ihrer Organisation?

_____

_____

8. Sind Sie sich über dieses Urteil sicher? Woher stammen Ihre Informationen?

_____

_____

9. Wodurch werden in Ihrer Organisation die Bedürfnisse der Mitglieder befriedigt? Wo bleiben Defizite?

Bedürfnisse	Erfüllt durch	Defizite

10. Wie können diese Defizite beseitigt werden?

_____

_____

11. Nennen Sie wichtige, evtl. auch außergewöhnliche Tätigkeiten für Ihre Organisation. Wie wird dazu motiviert? Welche Anreize werden geboten? Reichen diese Anreize aus, oder bleiben Defizite?

Tätigkeiten	Anreize	Defizite

12. Gibt es formelle Strukturen oder informelle Bedingungen, die Anreize setzen, wichtige Tätigkeiten *nicht* auszuführen?

_____

_____

13. Wie können diese ungünstigen Strukturen und Bedingungen verbessert werden?

_____

_____

14. Wo und für wen bestehen Unklarheiten über Aufgabenverteilungen in der Organisation?

_____

_____

15. Wie können diese Unklarheiten beseitigt werden?

_____

_____

16. Werden Mitglieder in der Organisation (von der Führung) eher als Partner oder eher als Abhängige betrachtet?

_____

_____

17. Gibt es formale oder informelle Richtlinien für den zwischenmenschlichen Umgang?

_____

_____

18. Wie funktioniert der Informationsfluss zwischen Führung und Mitgliedern?

_____

_____

19. Welche Rolle spielen Besprechungen bzw. Versammlungen für den Informationsfluss?

_____

_____

20. Werden Entscheidungen kooperativ und gemeinsam getroffen?

_____

_____

21. Welche Folgen hat dies?

_____

_____

22. Werden Entscheidungen bzw. Vereinbarungen hinsichtlich ihrer Umsetzung überprüft?

_____

_____

23. An welchen Stellen bestehen Verbesserungspotenziale hinsichtlich der innerorganisatorischen Kooperation?

_____

_____

24. Sind für Mitglieder bzw. Führungskräfte Fort- und Weiterbildungen im Bereich Kooperation und Kooperationsfähigkeit vorgesehen?

_____

_____

Nachwort

In den zurückliegenden vier Kapiteln habe ich mehrmals darauf hingewiesen, wie wichtig es ist, eigene Annahmen, Erwartungen, Überzeugungen und Theorien zu hinterfragen und an der Realität zu überprüfen. Dieses Prinzip möchte ich ganz gern auch auf dieses Buch anwenden. Für mich ist es daher hilfreich, zu erfahren, wo die vorgestellten Strukturierungs- und Arbeitsvorschläge vorteilhaft und wo sie eher problematisch oder lückenhaft sind. Vielleicht haben aber auch Sie noch Fragen, auf die ich gerne eingehen möchte.

Ich möchte deshalb Sie, liebe Leserinnen und Leser, bitten, mir Rückmeldungen und Hinweise auf Verbesserungsmöglichkeiten zu geben, damit ich diese bei einer Neuauflage des Buchs „Praktische Organisationsanalyse" berücksichtigen kann. Bitte verwenden Sie folgende Kontaktadresse für Ihre Fragen, Kommentare, Kritik und Hinweise:

Bernhard Prosch
c/o Rosenberger Fachverlag
Postfach 1616
71206 Leonberg

Literatur

ABRAHAM, MARTIN (1996): Betriebliche Sozialleistungen und die Regulierung individueller Arbeitsverhältnisse, Frankfurt u. a.: Lang.

ABRAHAM, MARTIN & BERNHARD PROSCH (1991): Arbeitsbeziehungen und selektive Anreize am Beispiel der Carl-Zeiss-Stiftung, in: Reinhard Wittenberg (Hg.): Person – Situation – Institution – Kultur, Berlin: Duncker & Humblot, S. 195-211.

ACKER, HEINRICH B. (1977): Organisationsanalyse, Baden-Baden: Gehlen.

AEBERHARD, KURT (1996): Strategische Analyse, Bern u. a.: Lang.

ATTESLANDER, PETER u. a. (1991): Methoden der empirischen Sozialforschung, Berlin/New York: de Gruyter.

AXELROD, ROBERT (1987): Die Evolution der Kooperation, München: Oldenbourg.

BARRETT, JOHN H. (1978): Individuelle Ziele und Organisationsziele, in: Karlheinz Wöhler (Hg.): Organisationsanalyse, Stuttgart: Enke, S. 68-82.

BEHRENS, GEROLD (1988): Konsumentenverhalten, Heidelberg: Physica.

BERG, CLAUS C. (1981): Organisationsgestaltung, Stuttgart: Kohlhammer.

BLEICHER, KNUT (1990): Organisation – Formen und Modelle, Wiesbaden: Gabler.

BLUMBERG, BORIS (1997): Das Management von Technologiekooperationen, Amsterdam: Thesis Publishers.

BONGARD, STEFAN (1994): Outsourcing-Entscheidungen in der Informationsverarbeitung, Wiesbaden: Lauer.

BOUDON, RAYMOND (1979): Widersprüche sozialen Handelns, Neuwied: Luchterhand.

BOUDON, RAYMOND (1980): Die Logik des gesellschaftlichen Handelns, Neuwied: Luchterhand.

BRYMAN, ALAN (1989): Research Methods and Organization Studies, London u. a.: Hyman.

BSWVT (1995): Qualitätsmanagement für kleine und mittlere Unternehmen, München: Bayerisches Staatsministerium für Wirtschaft,Verkehr und Technologie.

BÜSCHGES, GÜNTER (Hg.) (1976): Organisation und Herrschaft – Klassische und moderne Studientexte der sozialwissenschaftlichen Organisationstheorie, Reinbek: Rowohlt.

BÜSCHGES, GÜNTER (1989): Methodologischer Individualismus, in: Günter Endruweit & Gisela Trommsdorff (Hg.): Wörterbuch der Soziologie, Band 2, Stuttgart: Enke, S. 289-290.

BÜSCHGES, GÜNTER & MARTIN ABRAHAM (1997): Einführung in die Organisationssoziologie, Stuttgart: Teubner.

BÜSCHGES, GÜNTER & PETER LÜTKE-BORNEFELD (1977): Praktische Organisationsforschung, Reinbek: Rowohlt.

BÜSCHGES, GÜNTER, MARTIN ABRAHAM & WALTER FUNK (1995): Grundzüge der Soziologie, München: Oldenbourg.

COLEMAN, JAMES S. (1986): Die asymmetrische Gesellschaft, Weinheim/Basel: Beltz.

COLEMAN, JAMES S. (1991): Grundlagen der Sozialtheorie – Band 1: Handlungen und Handlungssysteme, München: Oldenbourg.

COLEMAN, JAMES S. (1991): Grundlagen der Sozialtheorie – Band 2: Körperschaften und die moderne Gesellschaft, München: Oldenbourg.

DÄFLER, MARTIN-NIELS (1999): Wie attraktiv ist mein Unternehmen – Leitfaden zur Ermittlung der Unternehmensattraktivität, Frankfurt: Frankfurter Allgemeine Zeitung.

DIEKMANN, ANDREAS (1995): Empirische Sozialforschung – Grundlagen, Methoden, Anwendungen, Reinbek: Rowohlt.

DOUMA, SYTSE & HEIN SCHREUDER (1992): Economic Approaches to Organisation, New York u. a.: Prentice Hall.

EBERHARDT, STEFAN (1995): Abschied vom Taylorismus - Mitarbeiterführung in schlanken Unternehmungen, Leonberg: Rosenberger.

EGER, THOMAS (1995): Eine ökonomische Analyse von Langzeitverträgen, Marburg: Metropolis.

ENDRUWEIT, GÜNTER (1981): Organisationssoziologie, Berlin/New York: de Gruyter.

ESSER, HARTMUT (1993): Soziologie – Eine Einführung, Frankfurt/New York: Campus.

ETZIONI, AMITAI W. (1967): Soziologie der Organisationen, München: Juventa.

FRANKE, JOACHIM (1980): Sozialpsychologie des Betriebes, Stuttgart: Enke.

FRANZ, WOLFGANG (1991): Arbeitsmarktökonomik, Berlin u. a.: Springer.

FREY, BRUNO S. (1994): How Intrinsic Motivation Is Crowded Out and In, in: Rationality and Society, 6, S. 334-352.

FREY, DIETER (1981): Informationssuche und Informationsbewertung bei Entscheidungen, Bern u. a.: Huber.

FRIEDRICHS, JÜRGEN (1990): Methoden empirischer Sozialforschung, Opladen: Westdeutscher Verlag.

FUKUYAMA, FRANCIS (1995): Konfuzius und Marktwirtschaft, München: Kindler.

GAMBETTA, DIEGO (1994): Die Firma der Paten, München: dtv.

GIRSCHNER, WALTER (1978): Das Verhältnis von Individuum und Organisation als entscheidungstheoretisches Problem, in: Karlheinz Wöhler (Hg.): Organisationsanalyse, Stuttgart: Enke, S. 83-107.

GIRSCHNER, WALTER (1990): Theorie sozialer Organisationen, Weinheim/München: Juventa.

GLASL, FRIEDRICH (1990): Konfliktmanagement – Diagnose und Behandlung von Konflikten in Organisationen, Bern/Stuttgart: Haupt.

GRIMM, ULRICH (1983): Analyse strategischer Erfolgsfaktoren – Ein Beitrag zur Theorie der strategischen Unternehmensplanung, Wiesbaden: Gabler.

GROCHLA, ERWIN (1978): Einführung in die Organisationstheorie, Stuttgart: Poeschel.

GROCHLA, ERWIN (Hg.) (1980): Handwörterbuch der Organisation, Stuttgart: Poeschel.

GROCHLA, ERWIN (1982): Grundlagen der organisatorischen Gestaltung, Stuttgart: Poeschel.

HAUBROCK, ALEXANDER & SONJA ÖHLSCHLEGEL-HAUBROCK (1998): Der Mythos vom König Kunde, Leonberg: Rosenberger.

HELFRECHT (1999): Checkliste zur Unternehmens-Situationsanalyse, Bad Alexandersbad: HelfRecht.

HIRSCHMAN, ALBERT O. (1974): Abwanderung und Widerspruch – Reaktionen auf Leistungsabfall bei Unternehmungen, Organisationen und Staaten, Tübingen: Mohr.

HIRSHLEIFER, JACK & AMITHAI GLAZER (1992): Price Theory and Applications, Englewood Cliffs: Prentice Hall.

IWD (2000): IT-Arbeitsmarkt - Unternehmen in der Klemme, in: IWD – Informationsdienst des Instituts der deutschen Wirtschaft, 26, 14/2000, S. 4-5.

JONES, GARTH N. (1978): Soziale Systeme als Veränderungsagenten, in: Karlheinz Wöhler (Hg.): Organisationsanalyse, Stuttgart: Enke, S. 126-154.

JOOS, CARLA (1996): Konzeption und Einführung eines Qualitätsmanagementsystems, Wiesbaden: Gabler.

KIESER, ALFRED (Hg.) (1993): Organisationstheorien, Stuttgart u. a.: Kohlhammer.

KIESER, ALFRED (1993a): Anleitung zum kritischen Umgang mit Organisationstheorien, in: Alfred Kieser (Hg.): Organisationstheorien, Stuttgart u. a.: Kohlhammer, S. 1-35.

KIESER, ALFRED & HERBERT KUBICEK (1992): Organisation, Berlin/New York: de Gruyter.

KLAGES, HELMUT & ROLF W. SCHMIDT (1978): Methodik der Organisationsänderung, Baden-Baden: Nomos.

KLAGES, HELMUT & ROLF W. SCHMIDT (1983): Messung und Bewertung der Organisationsqualität – Organisationsanalyse in der öffentlichen Verwaltung anhand einer Fallstudie, Baden-Baden: Nomos.

KREILKAMP, EDGAR (1987): Strategisches Management und Marketing, Berlin/New York: de Gruyter.

KROMREY, HELMUT (1998): Empirische Sozialforschung – Modelle und Methoden der Datenerhebung und Datenauswertung, Opladen: Leske & Budrich.

KUBICEK, HERBERT & NORBERT THOM (1976): Betriebliches Umsystem, in: Erwin Grochla & Waldemar Wittmann (Hg.): Handwörterbuch der Betriebswirtschaft, Stuttgart: Poeschel, Sp. 3977-4017.

KUBICEK, HERBERT & GÜNTER WELTER (1985): Messung der Organisationsstruktur, Stuttgart: Enke.

LETTAU, HANS-GEORG (1999): Partner Kunde, Leonberg: Rosenberger.

LINDENBERG, SIEGWART (1985): An Assessment of the New Political Economy – Its Potential for the Social Sciences and for Sociology in Particular, in: Sociological Theory, 3, S. 99-114.

LINDENBERG, SIEGWART (1991): Die Methode der abnehmenden Abstraktion – Theoriegesteuerte Analyse und empirischer Gehalt, in: Hartmut Esser & Klaus G. Troitzsch (Hg.): Modellierung sozialer Prozesse, Bonn: Informationszentrum Sozialwissenschaften, S. 29-78.

LINDENBERG, SIEGWART & REINHARD WIPPLER (1978): Theorienvergleich: Elemente der Rekonstruktion, in: Karl-Otto Hondrich & Joachim Matthes (Hg.): Theorienvergleich in den Sozialwissenschaften, Darmstadt/Neuwied: Luchterhand, S. 219-231.

LIPPITT, GORDON & RONALD LIPPITT (1995): Beratung als Prozess, Leonberg: Rosenberger.

LUHMANN, NIKLAS (1964): Funktionen und Folgen formaler Organisation, Berlin: Duncker & Humblot.

MARCH, JAMES G. & HERBERT A. SIMON (1976): Organisation und Individuum – Menschliches Verhalten in Organisationen, Wiesbaden: Gabler.

MAUTHE, KARL DIETER (1984): Strategische Analyse, Herrsching: Kirsch.

MAYNTZ, RENATE (1963): Soziologie der Organisation, Reinbek: Rowohlt.

MAYNTZ, RENATE (Hg.) (1968): Bürokratische Organisationen, Köln: Kiepenheuer & Witsch.

MCCLELLAND, DAVID C. (1961): The Achieving Society, New York/London: Van Nostrand.

MCMILLAN, JOHN (1992): Games, Strategies, and Managers, New York/Oxford: Oxford University Press.

MEFFERT, HERIBERT (1992): Marketing-Management – Analyse, Strategie, Implementierung, Wiesbaden: Gabler.

MILLER, GARY J. (1992): Managerial Dilemmas, Cambridge: Cambridge University Press.

MÜLLER-HAGEDORN, LOTHAR (1986): Das Konsumentenverhalten – Grundlagen für die Marktforschung, Wiesbaden: Gabler.

NEUBERGER, OSWALD (1977): Organisation und Führung, Stuttgart u. a.: Kohlhammer.

OLSON, MANCUR (1968): Die Logik des kollektiven Handelns, Tübingen: Mohr.

OPP, KARL-DIETER (1995): Methodologie der Sozialwissenschaften – Einführung in Probleme ihrer Theorienbildung und praktischen Anwendung, Opladen: Westdeutscher Verlag.

PROSCH, BERNHARD (1992): Soziale Institutionen und menschliches Handeln - Institutionen als Kristallisationspunkte menschlicher Gemeinschaft, in: Ethik und Unterricht, 3, 4/1992, S. 19-22.

PROSCH, BERNHARD (1999): Die Absicherung von Lieferbeziehungen, Frankfurt u. a.: Lang.

PÜMPIN, CUNO (1992): Strategische Erfolgspositionen – Methodik der dynamischen strategischen Unternehmensführung, Bern/Stuttgart: Haupt.

RAUB, WERNER & THOMAS VOSS (1981): Individuelles Handeln und gesellschaftliche Folgen – Das individualistische Programm in den Sozialwissenschaften, Darmstadt/Neuwied: Luchterhand.

RAUB, WERNER & JEROEN WEESIE (1993): The Management of Matches – Decentralized Mechanisms for Cooperative Relations with Applications to Organizations and Households, Utrecht: Iscore-Papers 1.

REDDY, W. BRENDAN (1997): Prozessberatung von Kleingruppen, Leonberg: Rosenberger.

ROSENSTIEL, LUTZ VON (1987): Grundlagen der Organisationspsychologie, Stuttgart: Poeschel.

RÜTTINGER, BRUNO & JÜRGEN SAUER (2000): Konflikt und Konfliktlösen, Leonberg: Rosenberger.

SAUER, DIETER & HARTMUT HIRSCH-KREINSEN (Hg.) (1996): Zwischenbetriebliche Arbeitsteilung und Kooperation, Frankfurt/New York: Campus.

SCHANZ, GÜNTHER (1982): Organisationsgestaltung, München: Vahlen.

SCHNELL, RAINER, PAUL B. HILL & ELKE ESSER (1995): Methoden der empirischen Sozialforschung, München/Wien: Oldenbourg.

SCHOMERUS, FRIEDRICH (1955): Werden und Wesen der Carl-Zeiss-Stiftung, Stuttgart: Fischer.

SCHRÜFER, KLAUS (1988): Ökonomische Analyse individueller Arbeitsverhältnisse, Frankfurt u. a.: Campus.

SCOTT, W. RICHARD (1986): Grundlagen der Organisationstheorie, Frankfurt/New York: Campus.

SPIEFL, ERIKA & HANS WINTERSTEIN (1999): Verhalten in Organisationen – Eine Einführung, Stuttgart u. a.: Kohlhammer.

STAEHLE, WOLFGANG H. (1991): Management – Eine verhaltenswissenschaftliche Perspektive, München: Vahlen.

TIROLE, JEAN (1995): Industrieökonomik, München u. a.: Oldenbourg.

TÜRK, KLAUS (1989): Neuere Entwicklungen in der Organisationsforschung, Stuttgart: Enke.

TURNHEIM, GEORG (1991): Chaos und Management, Wien: Manz.

ULRICH, PETER & EDGAR FLURI (1992): Management – Eine konzentrierte Einführung. Bern/Stuttgart: Haupt.

VANBERG, VIKTOR (1987): Markt und Organisation – Individualistische Sozialtheorie und das Problem korporativen Handelns, Tübingen: Mohr.

VOSS, THOMAS (1985): Rationale Akteure und soziale Institutionen, München: Oldenbourg.

VOSS, THOMAS (1991): Organisation, in: Gerd Reinhold (Hg): Soziologie-Lexikon, München: Oldenbourg, S. 429-432,

WEBER, MAX (1980): Wirtschaft und Gesellschaft, Tübingen: Mohr (Siebeck).

WEBER, WOLFGANG (1978): Mitarbeiterbezogene Organisationssteuerung: Unternehmung, in: Karlheinz Wöhler (Hg.): Organisationsanalyse, Stuttgart: Enke, S. 230-245.

WEEDE, ERICH (1992): Mensch und Gesellschaft – Soziologie aus der Perspektive des methodologischen Individualismus, Tübingen: Mohr (Siebeck).

WEISBORD, MARVIN R. (1984): Organisationsdiagnose – Ein Handbuch mit Theorie und Praxis, Goch: Bratt.

WHYTE, WILLIAM H. (1958): Herr und Opfer der Organisation, Düsseldorf: Econ.

WILLIAMSON, OLIVER E. (1990): Die ökonomischen Institutionen des Kapitalismus – Unternehmen, Märkte, Kooperationen, Tübingen: Mohr (Siebeck).

WITTENBERG, REINHARD (1999): Grundlagen computerunterstützter Datenanalyse, Stuttgart: Lucius & Lucius.

WÖHLER, KARLHEINZ (Hg.) (1978): Organisationsanalyse, Stuttgart: Enke.

WOLTERS, URSULA (2000): Lösungsorientierte Kurzberatung, Leonberg: Rosenberger.

ZIMMERMANN, GUNTHER E. (1995): Organisation, in: Bernhard Schäfers (Hg.): Grundbegriffe der Soziologie, Opladen: Leske & Budrich, S. 234-236.

ZINTL, REINHARD (1978): Organisation und Innovation, in: Karlheinz Wöhler (Hg.): Organisationsanalyse, Stuttgart: Enke, S. 110-125.

Zum Autor

Dr. Bernhard Prosch, Diplom-Sozialwirt, Jg. 1964, Studium an der Wirtschafts- und Sozialwissenschaftlichen Fakultät der Universität Erlangen-Nürnberg. Diplom 1991. Forschungs- und Lehrtätigkeiten: 1991 bis 1992 an der Universität Stuttgart, 1992 bis 1998 an der Universität Leipzig. 1998 Promotion in Leipzig zur Absicherung zwischenbetrieblicher Kooperationsbeziehungen. Daneben 1996 bis 1999 Lehrbeauftragter der Hochschule für Technik, Wirtschaft und Kultur (FH) Leipzig.

Seit 1999 Assistent an der Wirtschafts- und Sozialwissenschaftlichen Fakultät der Universität Erlangen-Nürnberg. Veröffentlichungen zur Organisations-, Kooperations- und Konfliktforschung